La Migración Puertorriqueña hacia los Estados Unidos: Sus Efectos en la Economía de la Isla de Puerto Rico

Por

William Martínez Martínez

Prólogo de

Carlos O. González Rivera

Lulu.com
2015

Lulu Press, Inc.

Raleigh, N.C.   USA

La Migración Puertorriqueña hacia los Estados Unidos: Sus Efectos en la Economía de la Isla de Puerto Rico

ISBN   978-1-312-84433-9

Primera Edición Revisada

2015

PRÓLOGO

Por   Carlos O. González Rivera,   DBAF(c), MBA, CPA

Es de pleno conocimiento que la economía puertorriqueña se encuentra en un estado de deterioro que parece insuperable debido a varios factores sociales y políticos. Según el economista Sergio Marxuach, desde el año 2006 la economía se ha contraído a casi un 13%, el empleo total se ha reducido en un 18%, y la inversión doméstica fija ha caído a un 11%.

Como si fuera poco, la deuda pública ha incrementado de $43 billones a $73 billones en solo 8 años. Cabe señalar, que esta impresionante cantidad de dinero no incluye los intereses. Como es de esperarse de tal escenario, nuestra población tiene una de las tasas de desempleo oficial más altas en comparación con el resto de las distintas jurisdicciones en los Estados Unidos.

Pero esto último no es un problema nuevo para el país. Durante casi 3 décadas (1950, 1960 y 1970), ante la incapacidad de reponer los empleos públicos en el sector agrícola y ante el inminente crecimiento industrial, los gobiernos de turno alentaron la migración a los Estados Unidos.   Para estas décadas   había una mano de obra excedente imposible de absorber por lo que fue necesario promover la migración a la Nación norteamericana.

Tanto así que se establecieron distintas oficinas del Departamento del Trabajo con el propósito principal de difundir información sobre fuentes de empleo en la ciudad de Nueva York. La última de estas oficinas se mantuvo activa hasta el año 1993. Estos esfuerzos, además de lograr diversificar el establecimiento de la diáspora puertorriqueña, con el tiempo las características de los migrantes también comenzaron a diversificarse.

Según el último informe económico elaborado por la Comisión Económica para América Latina y el Caribe (CEPAL)   de las Naciones Unidas para Puerto Rico,   al inicio de esta migración masiva predominaban "los trabajadores agrícolas y los de cuello azul."   No obstante, el perfil de los migrantes continuó variando con un aumento en ciertas   tendencias. Entre los grupos migratorios aumentaban   los de "cuello blanco" y los de "una preparación académica más elevada".

La migración de este último grupo es lo que en la actualidad se considera en este trabajo como "fuga de cerebros (talentos)". En este mismo informe de la CEPAL, encontramos que desde hace más de una década se cuestiona la supuesta "fuga de cerebros". El informe explica que en un estudio publicado por los economistas Francisco Rivera y Carlos Santiago en 1998, titulado "Island Paradox",   los autores no encontraron evidencia sobre la ocurrencia de este fenómeno en Puerto Rico.

Al parecer no intentaron ni estimar el fenómeno, si alguno, pues consideraban que "el mayor nivel educativo de los migrantes sólo reflejaba los mayores niveles educativos alcanzados por los migrantes y no hay evidencia de que los migrantes   estén mejor preparados que los que permanecen en la Isla". Aunque podríamos compartir la posición de los autores de "Island Paradox" al cuestionar el fenómeno, no podemos conformarnos con tal análisis insustancial. Lo que proponemos, entonces, es establecer indicadores que nos permitan estimar la realidad.

En lo que sí concuerdan con nuestra investigación es que la migración en Puerto Rico se debe a factores negativos de empleo y salarios a   consecuencia del lento crecimiento económico. Asimismo, explican que el desempleo en Puerto Rico "es alto porque no existen suficientes empresas para absorber a la población que busca empleo". En esto último estamos de acuerdo: no hay manera de contraer la tasa de desempleo en la situación económica actual.

PREFACIO

El tema de *"La migración puertorriqueña hacia los Estados Unidos: sus efectos en la economía de la isla de Puerto Rico"* involucra las causas que incidieron y motivaron a un pueblo de profundas raíces religiosas, hogareño y orgulloso de la tierra que lo vio nacer a trasladarse a un país prácticamente desconocido; con un idioma diferente; con una cultura y valores totalmente distintos y, hasta cierto punto, hostil hacia los nuevos migrantes.

La migración puertorriqueña fue motivada por la aspiración, al igual que les ha sucedido a otros hermanos hispanoamericanos, a una nueva y mejor vida para el propio migrante, así como para su familia. El objetivo principal de este libro es profundizar las causas que provocaron la migración hacia los Estados Unidos, junto a las repercusiones sociales y económicas para la Isla que dejaron atrás, a partir de la primera migración acaecida en el año 1900 a la isla de Hawai.

El asunto de la migración aplica concretamente a la realidad presente que vive a diario el puertorriqueño,   pues es lamentable el ver a un ser querido o apreciado amigo   partir a otra tierra en busca de lo que su propio país le negó. La migración puertorriqueña hacia los Estados Unidos ha distanciado a miles de familias   que estaban acostumbradas a su entorno cultural y familiar y ha dejado en las familias de   los migrantes la incertidumbre de lo que les depara el futuro. Para el Gobierno de su país de origen, ello representa pérdidas en aspectos contributivos.

Por ende, este libro abarca aspectos sobre el nivel educativo del migrante puertorriqueño, entre otros asuntos, comenzando con la primera migración ocurrida en el año 1900 a la isla de Hawai, hasta las más recientes. Asimismo, sobre los principales lugares de destino de los puertorriqueños, y la relación entre la migración y ciertos problemas económicos de Puerto Rico.

Todas las migraciones de puertorriqueños han tenido sus motivos de la época en cuestión. Lo que no se puede negar es el hecho de que los distintos gobiernos que ha tenido Puerto Rico, en ciertos momentos históricos, han patrocinado la migración o, al menos, han facilitado el éxodo de los trabajadores que no encontraron trabajo en la Isla. El mejor ejemplo es la migración de puertorriqueños a los campos de sembradíos o "fincas" al noreste de los Estados Unidos a partir de la década de 1940.

Para el Gobierno puertorriqueño, la migración se ha convertido, hoy día, en un gravísimo problema, ya que ésta ha provocado una considerable disminución en las recaudaciones, así como una "fuga de talentos". El asunto de la diáspora puertorriqueña hacia los Estados Unidos requiere de una atención urgente por parte del Gobierno de Puerto Rico; se deben estudiar con seriedad, objetividad y meticulosidad las causas que la han originado desde el pasado hasta el presente. La situación exige una alianza entre el Gobierno, el sector empresarial, las distintas facciones políticas, entidades privadas y economistas. La universidad tiene mucho que aportar. Aunque las migraciones siempre han existido por diversas razones, la migración puertorriqueña ha causado problemas económicos y de fuga de talentos en Puerto Rico. ¡Es ahora o nunca el momento de actuar!

William Martínez Martínez
losavioncitos@yahoo.com

DEDICATORIA

Le dedico este libro a mi Señor Jesucristo. Él ha estado a mi lado en todo momento: En los momentos de dificultad y en los de prosperidad; pues el Señor Jesucristo es mi vida y todo se lo debo a Él. Asimismo, le pido a Dios su bendición para mi familia, quienes siempre me han apoyado en mis sueños y empresas.

-"En Él estaba la vida, y la vida era la luz de los hombres"- Juan 1:4

AGRADECIMIENTO

Para mí una de las partes más importantes en cuanto al contenido de un libro lo es el agradecimiento. Aquí se mencionan a las personas y entidades que ayudaron a hacer posible el sueño del autor.

Por tanto, mi más sincero y profundo agradecimiento a los doctores   Flanklin Valcin y Ericks Vazquez de Atlantic International University, quienes influyeron muchísimo en mi formación académica.

Y no puede faltar la señora Aly Rodríguez, quien fue una parte muy importante en el desarrollo de mi tesis de grado.

¡A todos, les deseo ricas bendiciones y el mayor de los éxitos en sus carreras!

"No hay nada difícil: Lo difícil lo hace el ser humano a causa de sus prejuicios, desatinos y falta de buena voluntad"

William Martínez Martínez

2015

Tabla de Contenido

CAPITULO 1

PLANTEAMIENTO DEL PROBLEMA MIGRATORIO

Un país que se desinfla

La alta tasa de migrantes jóvenes puertorriqueños que se mudan a los Estados Unidos de Norteamérica nos anima a indagar sobre las causas que promueven el aumento de este comportamiento; la hipótesis más concreta de los estudiosos del fenómeno migratorio se la adjudica a la crisis económica que atraviesa la Isla en la actualidad. Por ende, se suele presentar la relación entre la migración puertorriqueña hacia los Estados Unidos y la situación económica de la Isla. La pregunta que debemos hacernos es la siguiente: ¿cómo ha contribuido la migración de jóvenes puertorriqueños hacia los Estados Unidos en la crisis económica local?

Todos debemos aceptar como objetivo general las consecuencias de la migración de puertorriqueños hacia los Estados Unidos en relación con la crisis económica de Puerto Rico, con el fin de presentar alternativas para detener ambas crisis, pues mientras mayor sea la cifra de jóvenes puertorriqueños mudándose a los Estados Unidos mayor será la decadencia económica del país.

Por tanto, es incuestionable que existen dos variables importantes que están muy ligadas entre sí e influyen significativamente en la estabilidad del país. Dichas variables son las siguientes:

1. La migración de puertorriqueños hacia los Estados Unidos.

2. La crisis económica puertorriqueña.

Para fines de este libro, utilicé como método de estudio la investigación descriptiva para abundar sobre la migración de puertorriqueños hacia los Estados Unidos y cómo esta afecta a la crisis económica de Puerto Rico, situaciones que han persistido por décadas. El objetivo es explorar, a través de investigaciones anteriores, eventos históricos y reportes de periódicos,   cómo se ha desarrollado el dilema de la migración durante la historia de Puerto Rico; también, cómo comienza la crisis económica puertorriqueña. Constantemente, los medios de comunicación nos bombardean con estadísticas y encuestas sobre la problemática; por talo motivo, utilicé además la investigación explicativa para determinar las causas de este fenómeno. Asimismo, el objetivo de este libro es que sea una fuente a considerarse para futuras investigaciones relacionadas con el tema en discusión.

CAPÍTULO 2

REVISIÓN DE LA LITERATURA

La migración de los puertorriqueños hacia otros países no es un fenómeno nuevo en nuestra historia. La mayoría de las veces, esta conducta se debe a una crisis económica, siendo los Estados Unidos el destino preferido. Por tanto, hago referencia desde la primera migración puertorriqueña conocida en la historia hasta las actuales, y se tendrán en cuenta las causas principales, las razones para tomar esa decisión, las características de los migrantes puertorriqueños, las crisis económicas y demográficas, y si la migración realmente es una solución o un problema que afecta a la economía de la Isla.

Desarrollo histórico de las migraciones puertorriqueñas

El primer éxodo puertorriqueño importante que se conoce en la historia ocurrió a principios del siglo XX. Conforme al profesor Carmelo Rosario Natal,[1] la migración que abarcó el período entre 1900 y 1915 se debió a influencias socioeconómicas, ya que la invasión de los Estados Unidos en 1898 fue un detonante de la pobreza que sufría la Isla en ese momento. Para el año 1901, el gobernador Charles Allen certificó un promedio de 6,000 habitantes que migraron hacia los Estados Unidos, cifra que llegó a 90,000 para el año 1944.[2]

Y es que las oportunidades estaban, ya que se abrió la brecha de la libertad para viajar a diferentes estados del continente, los vuelos eran más económicos y el mercado laboral era abundante. Para ese entonces, Puerto Rico vivía un período de pobreza inmensa cuya causa principal se atribuyó a la invasión de los norteamericanos y a la Segunda Guerra Mundial.

---

[1] Rosario Natal, Carmelo. (2001)
[2] Vázquez Calzada, José L. (1968)

El gran auge que significó la relación entre los Estados Unidos y una mejor calidad de vida motivó que los puertorriqueños dejaran lo poco que tenían para cumplir con un sueño que finalmente se convirtió en un desengaño. Se dice que, a base de engaños, los puertorriqueños creyeron en la promesa de que en Hawai había un mejor futuro económico, y por eso se da este fenómeno. Durante las primeras décadas de 1900, corporaciones azucareras buscaban puertorriqueños para llevárselos a Hawai; la mayoría venían de las regiones montañosas, tenían que embarcar en Luisiana y eran llevados en tren a California, para llegar por último a Hawai. Su trayectoria no era muy alentadora, y eran amenazados con armas y tratados como indigentes. A veces, estas travesías duraban hasta un mes. No obstante, no todos llegaron a Hawai y algunos realizaron sus vidas en Nueva Orleans y California, que son los estados que quedan de camino; otros tuvieron mala suerte y terminaron pidiendo en las calles. La discriminación y el racismo fueron factores significativos en la vida de los puertorriqueños durante todos estos años. Hoy día, los descendientes de los primeros puertorriqueños que migraron a Hawai se han integrado a la vida social hawaiana. La migración a la isla de Hawai fue de tal magnitud que, entre los años 1900 y 1901, cerca de 5,000 puertorriqueños partieron del puerto de Guánica, Puerto Rico, en busca de una mejor calidad de vida.[3]

---

[3] Whalen, Carmen T. (2002)

Para ese entonces, el gobernador Charles Allen creía conveniente provocar una masiva migración de puertorriqueños cuya razón fue económica, pues el país vivía una situación de pobreza alarmante.   Allen entendía que mantenerlos en la Isla resultaba costoso, pero que mudarse a ciertas regiones de los Estados Unidos fomentaba riquezas para ellos, ya que se les consideraba trabajadores "baratos" en cuanto a la paga. Para esa época, tomó auge el crecimiento de las industrias agrícolas y manufactureras norteamericanas, momento favorable para el éxodo de puertorriqueños hacia los Estados Unidos.

Finalmente, otros movimientos similares se repitieron desde la década de 1940 hasta la de 1970, empezando con la migración de 150,000 puertorriqueños, que alcanzaron cifras tan altas como 237,000 entre los años 1950 y 1954.[4] Entre 1950 y 1959 se realizó un censo de 460,829 puertorriqueños.[5]   La concentración mayor fue en la ciudad de Nueva York, aunque Filadelfia, Nueva Jersey y Chicago sintieron el fenómeno.   A partir de este momento, surgieron muchas ayudas para fomentar precisamente la migración de   puertorriqueños; por ende, se creó un departamento que ofrecía orientación sobre los derechos de los puertorriqueños al cual llamaron División de Migración.[6]   De hecho, uno de los beneficios que tenían los puertorriqueños era la facilidad de viajar ida y vuelta hacia los Estados Unidos de manera económica, como parte de las estrategias para eliminar el desempleo y la pobreza del país.

---

[4] Vázquez Calzada, José L. (1968)
[5] Duany, Jorge (1999)
[6] Whalen, Carmen T. (2002)

Irónicamente, el panorama de progreso no era lo que esperaban, ya que la mayoría de los migrantes puertorriqueños vivieron en condiciones socioeconómicas deprimentes y con muchas limitaciones. Por ejemplo, conformaban el grupo étnico de mayor deserción escolar, y es que les limitaban las posibilidades de estudiar en centros capacitados porque no eran bienvenidos. La misma situación la experimentaban en el aspecto laboral y de vivienda, y en general solo por su descendencia. Aunque también el motivo principal de su migración se atribuye a las condiciones en que vivían los puertorriqueños en Nueva York por el colapso de las fábricas que fue sucediendo gradualmente.

No obstante, todas estas decadencias los llevaron a conformar diferentes grupos defensores de sus derechos. Muchas de estas organizaciones llevaron sus quejas a tribunales y ganaron los casos (por ejemplo, *Young Lords* y el Fondo Puertorriqueño para la Defensa Legal y la Educación, entre otras). Por consiguiente, se fomentó que los puertorriqueños se mudaran a otros estados cercanos para buscar mejores oportunidades. Este movimiento tuvo su momento pico para el período de 1970, cuando algunos decidieron irse a otros estados y otros quisieron regresar a la Isla. Ya para el decenio de 1980, los números bajaron a 116,571 migrantes.[7]

Otro momento significativo de migración en Puerto Rico se dio en el año 2006, cuando la cifra ascendió a 37,000 (Instituto de Estadísticas de Puerto Rico, 2014). Las razones fueron varias, pero la principal fue la crisis económica, cuya salida los migrantes buscaban trabajando en los campos de sembradíos o "fincas"

---

[7] Santiago, Carlos E. y Rivera Batiz, Francisco (1996)

al noreste de los Estados Unidos.   Esta crisis se debió influyentemente al desempleo y la obtención de un salario muy por debajo de lo básico.[8]   Conforme a Francisco Rivera Batiz, [9] algunas profesiones específicas son muy bien remuneradas en los Estados Unidos en comparación a Puerto Rico, tales como enfermeros, maestros y   policías, entre otras.   Consecutivamente, hasta el año 2009 , más de 300,000 personas que residían en la Isla se mudaron a los Estados Unidos, según el Instituto de Estadísticas de Puerto Rico (IEPR).[10]   Se estiman cerca de 100,000 desde el 2013 hasta abril del 2014.[11]   Nunca se detuvo la migración y, aunque existen momentos picos, la realidad es que este comportamiento forma parte de la cultura puertorriqueña. Es preciso aclarar lo que se define como un   puertorriqueño para el Gobierno norteamericano: "Un puertorriqueño de los Estados Unidos, conocido como 'puertorriqueño estadounidense' [en inglés: *Stateside Puerto Ricans o Puerto Rican Americans*], es un ciudadano estadounidense nacido en Puerto Rico o en uno de los estados de los Estados Unidos, de padres de origen puertorriqueño, y quien ha vivido una parte significante de su vida en uno de los estados de los Estados Unidos o en Washington D.C." Otro asunto que salta a la vista de los turistas que visitan a Puerto Rico es la identificación de la Isla, mayormente, como un país de herencia hispánica debido a la influencia   marcada de la cultura española en la Isla. Cabe señalar el rico aporte cultural de otros pueblos

---

[8]   Vázquez Calzada, José L. (1968)
[9]   Rivera Batíz, Francisco (1989)
[10] Instituto de Estadística de P.R.(IEPR) (2014)
[11] Marrero, Rosita (2014)

que junto a la cultura española conformaron al ser que conocemos como puertorriqueño.

La concesión de la ciudadanía estadounidense a los habitantes de la Isla en 1917 se debió, entre otras causas, para detener los movimientos independentistas y asegurar la hegemonía de los Estados Unidos en el Caribe. Es dentro de ese marco que hay estudiosos que alegan que a los puertorriqueños no se les puede considerar como migrantes, pues son ciudadanos de los Estados Unidos. Mi punto de vista como puertorriqueño es que dicha concesión no alteró el "estatus" colonial de la Isla y esta vergonzosa situación colonial fue encubierta en 1952 mediante la creación del Estado Libre Asociado de Puerto Rico. A miles de puertorriqueños se les engañó al decirles que los vestigios coloniales habían sido resueltos, cuando la realidad, conforme al derecho internacional, es que el "estatus" de Puerto Rico ha sido siempre ilegal. Por tanto, los puertorriqueños que van a los Estados Unidos en busca de mejorar su calidad de vida son tan migrantes como cualesquiera personas de otro país, independientemente de que son ciudadanos estadounidenses de segunda clase o inferiores políticamente a los de la metrópoli.

Queda aclarado de este modo el entuerto respecto a si los puertorriqueños son migrantes o no lo son cuando parten a los Estados Unidos en busca de trabajo.

Uno de los asuntos migratorios que más se estudian estadísticamente es el aumento o el decrecimiento del número de personas que migran sin dejar de mencionar algunas de sus diversas causas. Así tenemos, por ejemplo: desempleo, inestabilidad política o económica, guerras; persecución política, étnica o religiosa, motivos económicos (mayor ingreso, mejor nivel de vida). En el caso que trato en este libro, es evidente que la migración puertorriqueña, salvo algunas excepciones, se ha mantenido creciendo como lo demuestran los datos siguientes.

	1910	1920	1950	1970	2000	2010
Nueva York	641	7,719	252,515	878,980	1,050,293	1,070,558
Florida	83	200	4,040	29,588	482,027	847,550
Nueva Jersey	23	360	5,640	136,937	336,788	434,092
Pensilvania	83	433	3,560	44,947	228,557	336,082
Massachusetts	25	163	1,175	24,561	199,207	266,125
Connecticut	4	69	1,305	38,493	194,443	252,972
Texas	14	84	1,210	4,649	69,504	130,576
Ohio	11	124	2,115	21,147	66,269	94,965
Hawai	3,510	2,581	X	X	30,005	44,116

Fuente: U.S. Census Bureau."Population of 1910, 1920, 2000"; U.S. Commission on Civil Rights (octubre de 1976)."Puerto Rican in the continental United States: an uncertain future":23. Washington, D.C.: GPO; *WIKIPEDIA* (2014). "Puertorriqueños de los Estados Unidos". Extraído de: http://es.wikipedia.org/wiki/PuertorriqueB1os_de_los_Estados_Unidos.

Tabla 1. **Algunas de las residencias seleccionadas por los puertorriqueños**

Los estados que se muestran en la tabla de residencias seleccionadas (*Tabla 1*) son los que más han escogido los puertorriqueños durante las últimas décadas para hacer una nueva vida. El estado de Florida es el preferido de los puertorriqueños que parten de la Isla; el de Nueva York, en cambio, ya no es el predilecto de los habitantes de Puerto Rico, a pesar de que hubo en este un incremento de 20,265 personas. El estado de Nueva York, otrora destino casi obligatorio de los puertorriqueños que buscaban trabajo, ha recibido personas de origen puertorriqueño, pero mayormente de otros estados de la nación. Decidí

11

incluir el estado de Hawai en la tabla de residencias seleccionadas, pues fue el primer gran destino de la diáspora puertorriqueña. Sobre el estado de Florida abundaré más adelante, ya que lo considero una apropiada muestra para explicar el porqué de las más recientes migraciones hacia los Estados Unidos.

Por medio de la tabla de residencias seleccionadas por los puertorriqueños ha quedado evidenciado que la migración de los habitantes de la Isla va consistentemente en aumento (véase el **Apéndice A** sobre la distribución porcentual de los migrantes según la edad, la preparación académica y el género)

Causas de la migración puertorriqueña

Para fines de este estudio, la migración se define como el "desplazamiento geográfico de individuos o grupos, generalmente por causas sociales o económicas".[12] Esto implica dos situaciones: cuando los individuos entran a un país o, por el contrario, cuando deciden salir de ese país (esto último se conoce mejor como "emigración"). En el caso de Puerto Rico, nos referimos a la salida o reubicación de residentes hacia estados del continente norteamericano, conducta que ha sido estudiada por décadas, ya que es un fenómeno que se da constantemente.

Expertos tales como Jorge Duany,[13] Carmelo Rosario Natal,[14] José L. Vázquez Calzada[15] y Francisco Rivera Batiz[16] han estudiado los posibles factores que fomentan la migración de Puerto Rico hacia Estados Unidos.

---

[12] DRAE (2014)
[13] Duany, Jorge (1993,1999,2001,2003)
[14] Rosario Natal, Carmelo (2001)
[15] Vázquez Calzada, José L. (1963, 1968)
[16] Rivera Batiz, Francisco (1989)

Definitivamente, todos concuerdan que el desempleo, la crisis económica y la calidad de vida son factores determinantes para migrar a otro país más desarrollado. Cuando las personas deciden migrar es porque ven el estancamiento económico y buscan alternativas para conseguir trabajo o ganar más, ya sea por el bien propio y/o de sus familias. De hecho, está pasando:

> "La crisis económica (con pérdida de empleos, aumento en imposiciones contributivas, reducción de salarios, y alta preocupación por la seguridad y criminalidad, entre otros) ha levantado una nueva oleada migratoria con cifras extraoficiales que apuntan hacia más de 3,000 personas que se van cada mes."[17]

Es decir que, en la actualidad, Puerto Rico cuenta con un estimado de 3.5 millones de puertorriqueños (40%) *versus* 5 millones que residen actualmente en los Estados Unidos (60%); para el 2003, la Isla tenía 3.8 millones de habitantes.[18] Y es que la mayoría opta por irse con toda su familia y por eso se agrava más la crisis.

Las razones más comunes de la migración puertorriqueña

Como se mencionó anteriormente, la migración masiva es fomentada por el desempleo y la obtención de un salario relativamente bajo conforme al nivel de vida. Otro factor a considerar es la calidad de vida en cuanto a seguridad. Existe una variedad de casos en donde jefes de hogar deciden abandonar la Isla en busca de mejores salarios y para no quedarse desempleados. Un ejemplo de esto aparece en un reportaje del periódico El Nuevo Día que se titula "Recogerán melones en

---

[17] Otero, Carlos (2014a)
[18] Otero, Carlos (2014b)

los Estados Unidos por mejor paga", fechado al 6 de abril de 2014.[19] Los protagonistas de esta historia son tres jóvenes entre los 19 y 31 años que decidieron solicitar trabajo en una compañía norteamericana dedicada al recogido de melones. Esta compañía, llamada R&R Harvesting Inc., ha reclutado a más de 10 puertorriqueños que trabajan 35 horas semanales de lunes a sábado, cuyo pago salarial es de $10.26 dólares por hora (en adelante, $ equivale a dólares), mientras que en Puerto Rico, con la misma jornada, el salario es de $35 diarios, como se observa en la *Figura 1.*

Estas son razones bastantes atractivas para quienes tienen familia y desean buscar una mejor calidad de vida. Y esta tendencia aún continúa, ya que el antropólogo Ismael García Colón afirma que entre 1,000 a 2,000 puertorriqueños viajan a los Estados Unidos para trabajar en tareas agrícolas durante las temporadas de mayor demanda, conforme a una encuesta que hizo en el 2010.[20]

Dicha encuesta entrevistó a 196 participantes; el 73% de estos confirmaron ser residentes de Puerto Rico.[21] Aún más increíble es que muchos de estos obreros puertorriqueños (que adoptaron este estilo de vida desde la década de 1960) traen a sus hijos y/o amigos a trabajar la tierra.

---

[19] Santiago Caraballo, Yaritza (2014)
[20] Delgado, José A. (2014)
[21] Dejgado, José A. (2014)

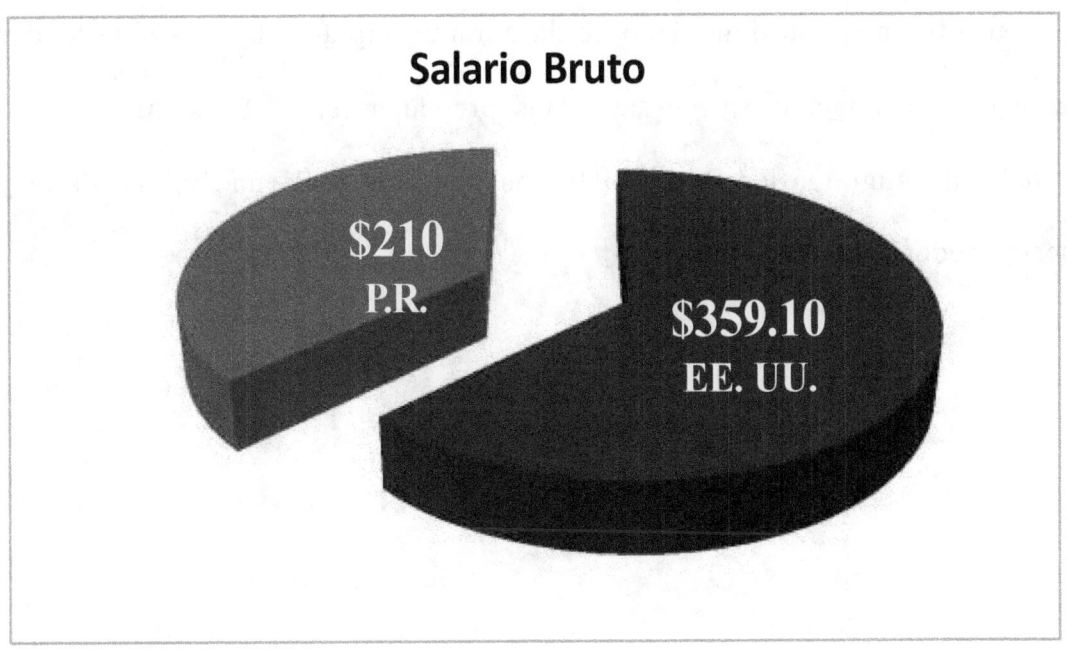

Salario Bruto

$210
P.R.

$359.10
EE. UU.

Figura 1. Salario bruto. Esta gráfica expone la diferencia entre el salario que ganaría un puertorriqueño al recolectar melones en la compañía norteamericana R&R Harvesting Inc. y la remuneración que recibiría si fuese una manufacturera local con el mismo horario. Evidentemente, existe una diferencia de $149.10. Éste análisis se basa en la información obtenida de Yaritza Santiago Caraballo (2014).

Entre los destinos preferidos están en primer lugar el estado de Florida (la ciudad de Orlando, principalmente), en donde muchos consideran que hay "un mejor negocio [...] por los servicios, la seguridad y la comunidad que encuentran".[22] En segundo lugar está Texas, que se ha convertido también en otra "tierra prometida" para muchos puertorriqueños. Estadísticas recientes como la que presenta la demógrafa Judith Rodríguez estiman que, durante el período entre 2013 y 2014, se han mudado cerca de 100,000 puertorriqueños.[23] Si lo comparamos con los de años anteriores, el registro se acerca a la crisis vivida en la década de 1980, cuando 116,571 puertorriqueños decidieron migrar fuera del

---

[22] Otero, Carlos (2014a)
[23] Marrero, Rosita (2014)

país.[24] No obstante, este fenómeno se da durante una década *versus* la tendencia reciente que va por año, que es aún más preocupante. Es decir, que la razón principal para migrar a los Estados Unidos es sin duda un mejor salario y, por supuesto, poder encontrar empleo.

---

[24] Santiago, Carlos E. y Rivera Batiz, Francisco (1996)

CAPÍTULO 3
OTROS TIPOS DE MIGRACIÓN

Mi punto de vista

Aunque sé que muchísimas personas pueden discrepar de mi parecer respecto de este capítulo, es mi deber de ex universitario expresar mis puntos de vista sobre tal o cual asunto mediante el convencimiento intelectual, y no a través de la imposición de mis criterios por medio de la fuerza o cualquier otro método violento. Para mí, el alistamiento militar y el asistir a universidades fuera del país que nos vio nacer y criarnos son tipos o categorías de migración. Como puertorriqueño, sé por mi propio conocimiento que la mayoría de los compatriotas que se alistan en las Fuerzas Armadas de los Estados Unidos lo hacen por motivos económicos y por asegurarse un futuro mejor para cuando sus fuerzas físicas mengüen. Ahora bien, es mi deber aclarar que independientemente de que un puertorriqueño deseara pertenecer a las Fuerza Armadas, ya sea porque así lo querría voluntariamente o debido a una situación de necesidad económica, lo cierto es que antes del año 1973 no había opción, ya que el servicio militar era obligatorio, y el que se negara a ingresar, luego de aprobar los requisitos de reclutamiento, le esperaba el encarcelamiento. De hecho, el simple descuido o el negarse a registrarse en el Servicio Selectivo era causa suficiente para una seria acusación. Cabe señalar, que la creciente presión al Congreso de los Estados Unidos logró eliminar el servicio militar obligatorio en el año 1973, dando inicio a unas Fuerzas Armadas nuevas y basadas en el voluntariado. El requerimiento de registrarse a los dieciocho años en el Servicio Selectivo aún existe para cubrir las necesidades militares en caso de emergencia nacional. Los puertorriqueños que residen en la Isla tenían y tienen todavía la obligación de registrarse en el Servicio Selectivo pues son ciudadanos de los Estados Unidos, aunque de segunda clase. Un promedio de 2,037 puertorriqueños ingresan al Ejército de los Estados Unidos cada año.[25] Según el Censo del año 2011, de los 3.7 millones de habitantes que habían en Puerto Rico, el 95% hablaba español y el 85% no hablaba muy bien el inglés.[26] El inglés es el gran obstáculo para los boricuas que desean ingresar al Ejército. Por otro lado, el obtener educación universitaria en otro país no implica que ello sea algo malo; de hecho, en muchas situaciones se debe hacer para obtener una educación de calidad o por la carencia de una materia universitaria que no se ofrece o se negó en el propio país. Por tanto, a lo que me refiero es que los puertorriqueños que se alistan en las Fuerzas Armadas de los Estados Unidos, así como los que se matriculan en universidades de los Estados Unidos o de cualquier otro país, dejan de aportar a las finanzas del Gobierno de la Isla y a contribuir al desarrollo del país con sus capacidades. Si los puertorriqueños que parten de Puerto Rico, ya sea para ingresar a las Fuerzas Armadas o para hacer una carrera universitaria en los Estados Unidos no se quedan a residir permanentemente en la nación y regresan a su terruño, entonces el país (Puerto Rico) se beneficia con los conocimientos adquiridos por ellos. Aunque no tengo todos los datos estadísticos para probar fuera de toda duda mis argumentos, todo puertorriqueño sabe que muchísimos de los que ingresan al Ejército de los Estados Unidos y a las universidades estadounidenses, terminan quedándose a vivir permanentemente en ese suelo. ¡Aquí es donde radica mi preocupación en este asunto!

Sobre el tema que trato en este capítulo, incluyo dos tablas sobre los puertorriqueños que en algún momento de sus vidas han partido de la Isla, ya sea para ingresar a las Fuerzas Armadas o a las distintas universidades de los Estados Unidos.

---

[25] elnuevodia.com (2013) y Morales, Amparo (2015)
[26] Reyes, Mylord (2013)

Primera Guerra Mundial   (1914-1918): 18,000 registrados*

Segunda Guerra Mundial   (1939-1945): 65,000 registrados*

Conflicto de Corea   (1950-1953): 61,000 registrados*

Guerra de Vietnam   (1959-1975): 48,000 registrados*

Guerra del Golfo Pérsico   (1990-1991): 2,637 registrados*

Guerra de Iraq-Afganistán   (2001-2011): 15,000 registrados*

Fuente: Maritza Rivera. "Día del Veterano: participación   puertorriqueña en el Ejército de los Estados Unidos". Biblioteca de la Escuela José Celso Barbosa, San Juan, Puerto Rico.   Extraído de: http://bibliotecajosecelsobarbosa.blogspot.com/2013/11/dia-festivo-el-dia-del-veterllamado.html

Tabla 2. **Participación de puertorriqueños en las Fuerzas Armadas de los Estados Unidos**

*El que hayan sido registrados no implica que hayan estado necesariamente en combate. A la fecha de este escrito, han muerto 1,350 soldados puertorriqueños sirviéndole con honor y valentía a la nación estadounidense. Más de 200,000 puertorriqueños han salido al menos una vez de su país para servir en las Fuerzas Armadas de los Estados Unidos. A mi juicio, esto es un tipo o categoría de migración, basado en el ilegal   "estatus"   político de Puerto Rico.

1.	China	274,000
2.	India	103,000
3.	Corea del Sur	68,000
4.	Arabia Saudita	54,000
5.	Canadá	28,000
6.	Taiwán	21,300
7.	Japón	19,300
8.	Vietnam	16,000
9.	México	15,000
10.	Brasil	13,300
11.	Puerto Rico	13,230
12.	Colombia	7,100

Fuente: Andrés Oppenheimer (19 de noviembre de 2014). "Más estudiantes latinoamericanos en las universidades de los Estados Unidos". El Nuevo Herald; Institute of International Education (mayo de 2010)" Open Doors" Extraído de http://nces.ed.gov/programs/digest/d10/tables/dt10_234.asp
universidades

Tabla 3. **Algunos de los países con un número mínimo de 1,000 estudiantes que asisten a las universidades de los Estados Unidos**

Fundamentados en la *Tabla 3*, algunos estudiosos del fenómeno migratorio de Puerto Rico podrían plantear que el número de 13,230 puertorriqueños que estudian en las universidades de los Estados Unidos no es una cifra para alarmarse, y que Puerto Rico cuenta aún con suficientes estudiantes universitarios y profesionales en la Isla para "echar hacia adelante al país". Este argumento no es del todo cierto, pues cada año, a manera de ejemplo de lo que pretendo demostrar, tan solo en el Recinto Universitario de Mayagüez se lleva a cabo una feria de empleo en donde se dan citas más de 200 compañías de los Estados Unidos con el fin de reclutar graduados de dicho Recinto. Y, como si fuera poco, la Administración Nacional de la

Aeronáutica y del Espacio (NASA, por sus siglas en inglés) recluta anualmente ingenieros puertorriqueños. El asunto del reclutamiento de puertorriqueños en distintas áreas del saber humano para ir a trabajar a los Estados Unidos ha sido tan impactante que incluye a los campos de la salud, la educación y la seguridad pública.

Según la Dra. María E. Enchautegui, el Censo 2000 arrojó que fueron 7,631 personas nacidas en Puerto Rico de 20 años o más, que migraron a los Estados Unidos entre 1995 y 2000, quienes estaban asistiendo a la universidad. Esto, añade la Dra. María E. Enchautegui, equivale al 8 % de todos los que migraron para esos años. Los datos de la Universidad de Puerto Rico en los recintos de Mayagüez y Río Piedras ponen la cifra de graduados que se marchan a estudiar a la nación estadounidense entre el 8% y el 10%. No se puede concluir que estas personas regresarán a Puerto Rico y aplicarán allí los conocimientos aprendidos en los Estados Unidos, pero sí se puede determinar que el grupo de personas que dejan la Isla para irse a estudiar a los Estados Unidos es pequeño en relación con el flujo migratorio total de los años arriba mencionados.[27]

Mi punto de vista sobre los datos y análisis certeros de la distinguida Dra. María E. Enchautegui es que su informe se redactó en el año 2008, fundamentado en la documentación estadística que se tenía a la mano para entonces. Ahora bien, el número de 13,230 puertorriqueños que para el año 2014 estudian en los Estados Unidos arrojan una diferencia de 5,599 estudiantes con respecto a los 7,631 del Censo 2000. Aunque el incremento de los 5,599 en un periodo de 14 años no es asombroso, sí evidencia que cada vez son más los estudiantes puertorriqueños que optan por hacerse de un título universitario en la nación estadounidense y no en su propio país.

---

[27] Enchautegui, María (2008)

Otro asunto que encontré interesante en el informe de la Dra. María E. Enchautegui es que en el Censo 2000 hubo un número de 135,000 personas nacidas en Puerto Rico que poseían un grado de bachillerato (licenciatura), maestría o doctorado (BMD), que residían en los Estados Unidos. De estas, 18,211 habían radicado residencia en los Estados Unidos entre los años 1995 y 2000. Por otro lado, y de conformidad con el mismo informe, la pérdida neta anual de profesionales puertorriqueños que parten hacia los Estados Unidos se situó entre 2,000 y 2,400.[28]

Lo descubierto por la Dra. María E. Enchautegui confirma mi punto de vista con respecto a que un número de importancia de estudiantes puertorriqueños que asisten a las universidades de los Estados Unidos se quedan residiendo en ese país, y no es menos cierto que los puertorriqueños que ingresan a las Fuerzas Armadas hacen lo propio. De hecho, los puertorriqueños que en la Isla solemos llamar "puertorriqueños de segunda y tercera generación" son los descendientes de los puertorriqueños que migraron hace décadas para trabajar en la agricultura, así como de los militares boricuas que se alistaron en las Fuerzas Armadas y, durante los últimos años, de los estudiantes universitarios.

No debo concluir este capítulo sin antes aclarar que no estoy en desacuerdo con el ingreso de puertorriqueños al Ejército de los Estados Unidos ni tampoco con las aspiraciones de muchísimos de mis compatriotas a estudiar en el lugar o país que entiendan que más les favorece; tan solo me preocupa que estos no regresen a su patria, acompañados de sus experiencias y nuevos conocimientos adquiridos. Asimismo, he aprendido a través de la redacción de este libro que la migración tiene unas características generales y otras particulares de cada país; por ejemplo, las primeras migraciones puertorriqueñas fueron a causa del altísimo

---

28 Enchautegui, María E. (2008)

desempleo en la Isla. Aparte de ello, las de los últimos treinta y pico de años tienen el elemento del desempleo en unas ocasiones, pero en otras tienen también la búsqueda de una mejor calidad de vida, pues el alto costo de la vida en Puerto Rico es insostenible para miles de familias. A manera de ejemplo, el ingreso promedio anual es de $19,518, lo que está muy por debajo del de la nación estadounidense. Reconozco, además, que el alistamiento de miles de puertorriqueños en las Fuerzas Armadas y los estudiantes universitarios que trabajan en la nación, son una fuente importante de remesas   necesarias para el sustento de las familias que no pueden acompañarlos por el momento.

Para concluir este capítulo, muestro en la siguiente página una relación comparativa del número de migrantes por ocupación para los años 2010, 2011 y 2012.

Ocupación	Número 2010	Número 2011	Número 2012
Gerencia	1,206	370	495
Negocios y Operaciones Financieras	286	577	649
Computadoras y Matemáticas	120	742	488
Ingeniería y Arquitectura	278	418	378
Legal	109	177	208
Educación, Adiestramiento y Biblioteca	546	2,343	1,631
Profesionales de la Salud y Técnicos	744	1,404	1,870
Apoyo de Atención Médica	476	680	340
Preparación y Servicios de Alimentos	2,293	2,655	3,412
Agricultura, Pesca y Silvicultura	1,125	1,037	3,195
Construcción y Extracción	1,342	2,591	1,306
Movimiento de Materiales	1,522	3,282	1,229
Apoyo de Oficina y Administrativo	4,487	5,890	3,782

Fuente: Idania Rodríguez Ayuso y Alberto L.Velázquez Estrada, (2010,2011, 2012). "Perfil del migrante". Instituto de Estadística de Puerto Rico/ U.S. Census Bureau. Encuesta sobre la Comunidad. Public Use Microdata Sample.

Tabla 4. **Número de migrantes de Puerto Rico según su ocupación**

(Se seleccionaron algunas ocupaciones de 24 que aparecen en la estadística)

Conforme a la *Tabla 4*, la migración de puertorriqueños con títulos universitarios y demás trabajadores diestros hacia los Estados Unidos requiere de una   revisión de la política educativa del Gobierno; de las aspiraciones de los trabajadores y de las necesidades del sector empresarial   para tratar de detener el flujo migratorio de los nacidos en la Isla.

CAPÍTULO 4

ALGUNAS CONSECUENCIAS DE LA MIGRACIÓN

♦ **Impacto de la fuga de cerebros (talentos)**

A modo de ejemplo, seleccionaré a los profesionales de la salud, quienes tienen sobre sus hombros la salud física y el bienestar emocional del pueblo. Debido a la migración, Puerto Rico ha perdido en los años   2010, 2011 y 2012   el número de 4,018 profesionales.

♦ **Impacto familiar**

La nueva ola de puertorriqueños que abandonan la Isla para buscar trabajo en los Estados Unidos u otros países propicia que cada vez más los ancianos queden sin una red de apoyo de familiares cercanos que suele ser fundamental para este segmento poblacional.[29]

Asimismo, el proceso migratorio puede crear tensiones entre los familiares del trabajador migrante y, en los casos extremos, ocasionar   la desintegración de la familia. Aunque esta situación no es la norma, de existir la posibilidad de que ello pueda ocurrir en el hogar del trabajador migrante, se debe solicitar la ayuda inmediata de un consejero espiritual o profesional.

♦ **Impacto sobre las finanzas del Gobierno**

Mientras menos trabajadores haya ocupados en la fuerza laboral del país, menores serán las recaudaciones, lo cual afecta los servicios a la ciudadanía y compromisos de pagos del Gobierno.

El poder adquisitivo del Gobierno de Puerto Rico se ha reducido en un 9% durante la última década, lo cual, sumado a los fuertes recortes que se avecinan, afecta seriamente a su capacidad para dar servicios. Un examen de los ingresos y gastos del Gobierno, ajustados a la inflación, muestra con claridad el panorama. Para 2005   los gastos públicos fueron de $9,311 millones; esto equivale a una capacidad de compra de $11,193 millones a los precios de hoy, y significa $1,593 millones más de lo que tiene el Gobierno en gastos.

---

[29] Cordero, Gerardo (2004)

De hecho, esa incapacidad del Gobierno de cubrir sus gastos impulsó el endeudamiento público que, en parte, afectó seriamente las finanzas y causó una degradación del crédito de Puerto Rico.

El Gobierno de Puerto Rico les debe a los bancos la cantidad de $73 billones en préstamos. Si a este principal le añadimos sus intereses, obtendremos la monumental suma de $133,645 millones de deuda.[30] Muchos conocedores de la situación político-económica de la Isla entienden que esta deuda es impagable, a no ser que el Gobierno de Puerto Rico implante medidas extremas, pero justas para todos, y el pueblo puertorriqueño esté dispuesto a hacer sacrificios supremos. Queda evidenciado, que las pésimas decisiones administrativas de los gobiernos puertorriqueños de turno, la carencia de un programa serio de gobierno para fomentar la creación de diversas industrias nativas controladas por gerentes puertorriqueños, la falta de seriedad y voluntad para resolver el "estatus" político de Puerto Rico, la politiquería de los partidos políticos y el contar con los fondos federales como un medio de "salvavidas", en vez de fomentarse el capital puertorriqueño, han llevado al   Gobierno de Puerto Rico al lugar en que se encuentra; ante este panorama, no abona a la solución la migración   imparable de puertorriqueños mayormente hacia los Estados Unidos por causas de una mejor calidad de vida y falta de trabajo.   De hecho, se estima que la migración puertorriqueña, de no detenerse,   podría generar a la economía de Puerto Rico la pérdida de casi $2,000 millones en ingresos, debido a los 300,000 puertorriqueños   que   han   migrado   o   que   lo   harán   hasta   el   año   2020 [31]

---

[30] Cortés Chico, Ricardo (2015)
[31] Díaz, Marian (2013)

CAPÍTULO 5

DOS ÉPOCAS DISTINTAS, PERO CON LA MISMA ASPIRACIÓN

Entrevistas

Como parte de mi investigación con el propósito de complementar este libro,   me di a la tarea de entrevistar a dos personas muy cercanas a mi vida, el uno mi padre y el otro, un amigo de la niñez. Todo ello para conocer el por qué resolvieron partir a tierras lejanas y extrañas, llenas de culturas diversas, sin saber lo que les depararía el futuro. Mi padre representa al trabajador agrícola y mi amigo, al trabajador industrial.

Estoy muy consciente de   que la muestra de dos personas en el universo de miles de puertorriqueños que migraron a los Estados Unidos no es del todo confiable, pero lo que he pretendido con las dos entrevistas que presento a continuación es descubrir el pensamiento de dos generaciones   de boricuas y si esa diferencia en edad (40 años) influyó de alguna manera en sus decisiones de migrar a   los Estados Unidos.

Entrevista 1

NOMBRE: Manuel   Martínez   Milán

LUGAR DE NACIMIENTO: Toa Baja, Puerto Rico

EDAD: 98

ESTADO CIVIL: Divorciado

1. ¿Cuándo emigró a los Estados Unidos?   Década:

   50 / X /   60 /   /   70 /   /   80 /   /   90 /   /

2. ¿Por qué emigró a los Estados Unidos?

   Desempleado /   /   Mejor calidad de vida /   /   Aventurar /   /   Mejor sueldo / X /

3. ¿Qué clase de trabajo realizaba en Puerto Rico antes de emigrar a los Estados Unidos?

   Chofer en un ingenio azucarero.

4. ¿Cuál era su condición económica   en Puerto Rico antes de emigrar a los Estados Unidos?

   Buena /   /   Regular / X   /   Mala /   /

5. ¿Cuál era su nivel académico en Puerto Rico antes de emigrar a los Estados Unidos?

   Elemental / X   /   Intermedia /   /   Secundaria /   /

6. ¿Aceptó su familia su decisión de emigrar a los Estados Unidos?

   Sí /   X/   No /   /   Condicionado /   /

7. ¿Hablaba usted el idioma inglés cuando emigró a los Estados Unidos?

   Bueno /   /   Regular /   /   Deficiente / X   /   Nada /   /

8. ¿Qué clase de trabajo realizó en los Estados Unidos?
   Chofer en una granja agrícola

9. ¿Se discriminó contra usted por ser puertorriqueño?

    Sí /   /   No / X   /

10. ¿Cumplió sus expectativas el trabajo realizado por usted en los Estados Unidos?

    Sí /X   /   No /   /   En parte /   /

11. Desde su punto de vista, ¿fueron las condiciones de trabajo y el sueldo que usted recibió en los Estados Unidos justos en comparación con los de Puerto Rico?

    Sí / X   /   No /   /   En parte /   /

12. ¿Cómo recibió usted la cultura estadounidense?

    Aceptada / X   /   No aceptada /   /   En parte aceptada   /   /

13. ¿Se quedó a vivir en los Estados Unidos?

    Sí   / X/   No   /   /

14. ¿Por cuánto tiempo se quedó a vivir en los Estados Unidos?

    5 años /   / 10 años /   /   20 años /   /   30 años / X /   40 años /   /   No aplica /   /
    (Según conteste la No. 13)

15. ¿Por qué   regresó   a   Puerto Rico?

    <u>Ahnelo de ver a mi familia y a mi Isla.</u>

    FECHA: 18 de diciembre de 2014

    ENTREVISTADOR: William Martínez Martínez

    ESTUDIANTE   ID: UB30627BBU39202

Entrevista 2

NOMBRE: Maximino   Márquez   Rosado

LUGAR DE NACIMIENTO: Bayamón, Puerto Rico

EDAD: 58

ESTADO CIVIL: Soltero

1. ¿Cuándo emigró a los Estados Unidos?   Década:

   50 /   /   60 /   /   70 / X /   80 /   /   90 /   /

2. ¿Por qué emigró a los Estados Unidos?

   Desempleado /   /   Mejor calidad de vida / X /   Aventurar /   / Mejor sueldo /   /

3. ¿Qué clase de trabajo realizaba en Puerto Rico antes de emigrar a Estados Unidos?

   Carnicero   y   Tendero.

4. ¿Cuál era su condición económica   en Puerto Rico antes de emigrar a los Estados Unidos?

   Buena /   /   Regular /   /   Mala / x   /

5. ¿Cuál era su nivel académico en Puerto Rico antes de emigrar a los Estados Unidos?

   Elemental /   /   Intermedia / x   /   Secundaria /   /

6. ¿Aceptó su familia su decisión de emigrar a los Estados Unidos?

   Sí / X/   No /   /   Condicionado /   /

7. ¿Hablaba usted el idioma inglés cuando emigró a los Estados Unidos?

   Bueno /   /   Regular /   /   Deficiente /   /   Nada / X   /

8. ¿Qué clase de trabajo realizó en los Estados Unidos?

   <u>Encargado de Mantenimiento.</u>

9. ¿Se discriminó contra usted por ser puertorriqueño?

   Sí / X   /   No /   /

10. ¿Cumplió sus expectativas el trabajo realizado por usted en los Estados Unidos?

    Sí /   /   No /   /   En parte / X   /

11. Desde su punto de vista, ¿fueron las condiciones de trabajo y el sueldo que usted recibió en los Estados Unidos justos en comparación con las de Puerto Rico?

    Sí /   /   No / X   /   En parte /   /

12. ¿Cómo recibió usted la cultura estadounidense?

    Aceptada /   /   No aceptada / X   /   En parte aceptada /   /

13. ¿Se quedó a vivir en los Estados Unidos?

    Sí /   X /   No /   /

14. ¿Por cuánto tiempo se quedó a vivir en los Estados Unidos?

    5 años /   /   10 años /   /   20 años / X /   30 años /   /   40 años /   /   No aplica /   /
    (Según conteste la No. 13)

15. ¿Por qué regresó a Puerto Rico?

    <u>Ahnelo de ver a mi familia y a mi Isla.</u>

FECHA: 19 de diciembre de 2014

ENTREVISTADOR: William Martínez Martínez

ESTUDIANTE   ID: UB30627BBU39202

Comentarios acerca de las entrevistas a los Sres. Martínez Milán y Márquez Rosado

De las entrevistas se desprende que los dos motivos expresados por   los entrevistados para partir hacia   los Estados Unidos armonizan con   la "razón para mudarse de los que parten rumbo a Florida" (véase *Figura 3*), en la que el 28% de los encuestados afirmaron motivos de situación económica personal. Por otro lado, el 46% indicó en la misma encuesta razones de una mejor calidad de vida. Cuando el Sr. Martínez Milán migró a los Estados Unidos, fue a trabajar a una finca agrícola y este trabajo era el que llevarían a cabo la mayoría de los migrantes puertorriqueños para la época en cuestión; no obstante, la partida del Sr. Márquez Rosado ocurrió cuando aún migraban trabajadores boricuas para las fincas, pero al mismo tiempo para trabajar en las fábricas como obreros, mayormente a los estados de Nueva York y Nueva Jersey. Además, en el momento en que el Sr. Martínez Milán migró había en la Isla un alto nivel de desempleo; en cambio, cuando el Sr. Márquez Rosado lo hace, Puerto Rico estaba pasando por un proceso de transformación de una economía agrícola a una industrial.

Otro aspecto acerca de las respuestas de los entrevistados es que ambos tenían un nivel escolar bajo, lo que les dificultó para   encontrar un trabajo con mejor remuneración y beneficios; asimismo, ninguno de los dos dominaba   el idioma inglés al momento de migrar, lo que era la norma de la mayoría de los puertorriqueños que migraban a los Estados Unidos. De hecho, uno de los motivos de los puertorriqueños para ingresar a las Fuerzas Armadas era aprender el idioma inglés, junto a los demás beneficios que recibirían.

Finalmente, los Sres. Martínez Milán y Márquez Rosado, aunque vivieron por más de 10 años en los Estados Unidos,   decidieron regresar a su terruño tropical, que es lo que más anhelan los trabajadores migrantes puertorriqueños, a pesar de que sus compromisos y situaciones económicas se lo han impedido   en muchísimas ocasiones.

35

CAPÍTULO   6

ANÁLISIS   DEL   FENÓMENO   MIGRATORIO   PUERTORRIQUEÑO

Características de los migrantes puertorriqueños

La mayoría de estos obreros provienen de pueblos tales como Villalba, San Lorenzo, Yauco, Isabela, Caguas, Patillas y San Sebastián, el primero de los cuales ostenta el mayor número conforme a la encuesta del antropólogo García Colón.[32]   De hecho, en el **Apéndice B** se encuentran datos más detallados sobre estas estadísticas.

Mucho se dice que los boricuas que deciden abandonar el país son personas talentosas o, por lo menos, son más preparados que en décadas anteriores. Conforme a los datos presentados por el Censo 2010, entre el período 2006 y 2010, los migrantes se encontraban entre las edades de 18 a 44 años, el 84% tenían diploma de cuarto año (en algunos casos alcanzaron grados menores), el 11% contaba con un bachillerato y el 5% alcanzó un post-grado.[33]   Un ejemplo de esto ocurrió para el año 2012, cuando cerca de 2,500 maestros abandonaron el país, mientras que otras profesiones del área de servicios sobrepasaron las 10,000 personas.[34]

Datos recientes muestran que la brecha entre migrantes de regiones rurales y urbanas es cada vez más cercana con cifras de entre el 53% y el 47%, respectivamente.[35] También, son los hombres quienes encabezan las cifras de migración con 61%, cuyas edades son inferiores a los 35 años de edad (41% de los encuestados). Curiosamente, la mayoría de ellos poseen un nivel educativo de bachillerato (licenciatura) y abarcan un 48%.   Ya que el 46% se encuentra

---

[32] García Colón en Delgado, José A. (2014)
[33] Otero, Carlos (2014a)
[34] Instituto de Estadística de P.R. (2014)
[35] Caquías Cruz, Sandra (2014)

desempleado, el 23% admite que consigue dinero "en lo que aparezca", y, por consiguiente, la razón más convincente para mudarse a los Estados Unidos es tener una mejor calidad de vida. [36] Comparando estos datos con décadas anteriores, definitivamente el puertorriqueño de hoy posee muchas ventajas en cuanto a que son más preparados académicamente, poseen experiencia laboral y dominan o tienen un conocimiento básico del inglés, lo que los convierte en bilingües o cuasi bilingües, candidatos idóneos para el mundo laboral del continente norteamericano.

Tal como mencioné, Florida se ha convertido en el "escape" de los puertorriqueños que buscan una mejor calidad de vida, ya sea por medio de la obtención de una mejor paga por los servicios rendidos; por conseguir una educación superior para sus hijos; por aprender el idioma inglés; por conseguir trabajo o, sencillamente, por escapar de la criminalidad que agobia a la Isla, debido mayormente al trasiego de drogas ilícitas. Este estado es Florida. El clima de Florida, aunque no del todo, es parecido al de Puerto Rico y cuenta con una gran población de origen hispanoamericano que gusta de la música tropical. Por otro lado, el estado de Florida está descollando económicamente y su creciente población le está concediendo poder político en el Congreso. Por esta y otras razones, Florida es por lógica el lugar preferido de los puertorriqueños que parten de la Isla o viven en otros estados de la nación.

---

[36] Caquías Cruz, Sandra (2014)

Una encuesta llevada a cabo en Puerto Rico a 400 personas en el mes de agosto de 2014 por la firma Gaither reveló resultados interesantes sobre el nuevo migrante de la Isla.[37] Por ejemplo, las personas que se fueron a trabajar a los Estados Unidos desde 1900 hasta 1950 no tenían trabajo, eran de bajos recursos económicos y poca escolaridad. La encuesta realizada por la firma Gaither arrojó que la inmensa mayoría de aquellos que hoy desean irse tienen empleo en Puerto Rico y poseen un grado universitario; más del 60% contestó en el cuestionario que ganaban no menos de $20,000 al año. Otro asunto de importancia de la encuesta es que en la migración hacia el estado de Florida se están yendo familias enteras y ello se observa en la venta de sus casas y automóviles. Por otra parte, la encuesta mostró, además, que los motivos principales de los que se dirigen a Florida son: el 46%, mejorar la calidad de vida, y el 28%, mejorar la situación económica personal (véanse *Figuras 2 y 3*).

Finalmente, la encuesta corroboró que el migrante de la Isla que parte a Florida pertenece a la actual fuerza trabajadora del país y dejará atrás su enlace con la banca de Puerto Rico.[38]

---

[37] Caquías Cruz, Sandra (2014)
[38] Caquías Cruz, Sandra (2014)

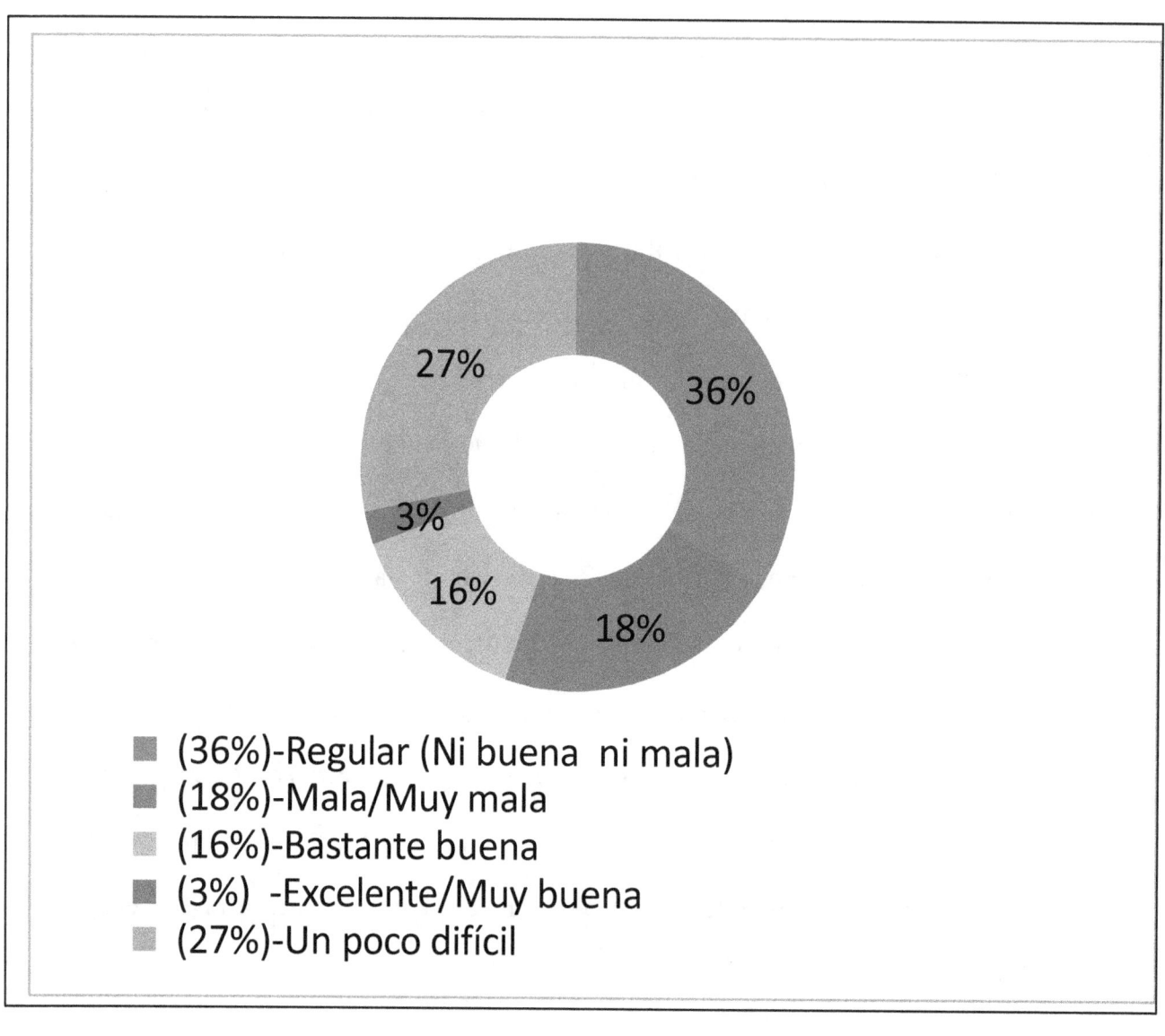

- (36%)-Regular (Ni buena ni mala)
- (18%)-Mala/Muy mala
- (16%)-Bastante buena
- (3%) -Excelente/Muy buena
- (27%)-Un poco difícil

Fuente: S. Caquías Cruz (10 de noviembre de 2014)"Migran a Florida los profesionales y trabajadores" (encuesta firma Gaither). El Nuevo Día (versión digital): pp. 24-25

Figura 2. La Situación económica actual de los que parten rumbo a Florida

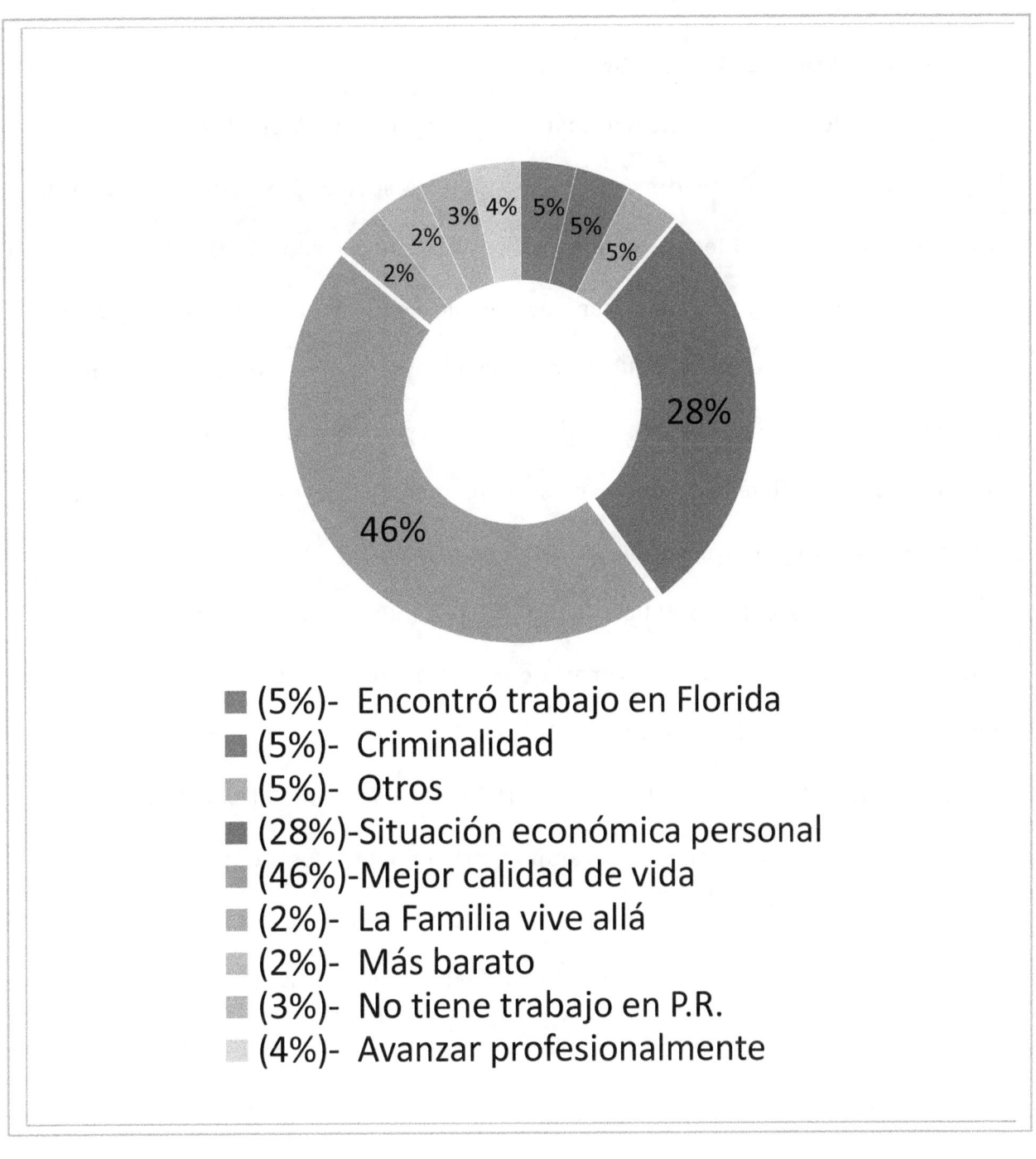

■ (5%)- Encontró trabajo en Florida
■ (5%)- Criminalidad
■ (5%)- Otros
■ (28%)-Situación económica personal
■ (46%)-Mejor calidad de vida
■ (2%)- La Familia vive allá
■ (2%)- Más barato
■ (3%)- No tiene trabajo en P.R.
■ (4%)- Avanzar profesionalmente

Fuente: S. Caquías Cruz (10 de noviembre de 2014)"Migran a Florida los profesionales y trabajadores" (encuesta firma Gaither). El Nuevo Día (versión digital): pp. 24-25

Figura 3. <u>La razón para mudarse de los que parten rumbo a Florida</u>

La crisis económica de Puerto Rico

El Gobierno civil norteamericano se inauguró en Puerto Rico mediante la Ley Foraker de 1900. A partir de ese momento, la sociedad puertorriqueña sintió los vientos huracanados de dos procesos entrelazados: el desarrollo del capitalismo agrario y la "americanización" del país en todos sus órdenes. El período que va de 1900 a 1930 alberga una gran paradoja o contradicción: la economía agrícola se desarrolló ampliamente en estos años, hasta alcanzar niveles de producción y eficiencia nunca antes vistos, pero la mayoría del pueblo siguió viviendo en condiciones miserables.[39]

Para finales del año 1900, Puerto Rico era aún un país fundamentalmente agrícola que cursaba una etapa primaria o temprana de su desarrollo capitalista. El desarrollo económico logrado por los Estados Unidos permitió un flujo de capital cuantioso hacia Puerto Rico después de 1900. De conformidad con Francisco A. Scarano,[40] la Isla lucía un campo propicio a los dueños del capital norteamericano, ya que esta parecía ventajosa por varias razones: tierras fértiles que se podían comprar a un buen precio; la fuerza laboral era abundante y diestra; existía acceso al mercado de la metrópoli, y el Gobierno dominado por norteamericanos era estable y tenía interés en cooperar con los inversionistas norteños. Se estima que ya para 1930 los norteamericanos habían invertido en Puerto Rico unos $120 millones.

---

[39] Scarano, Francisco A. (2000)
[40] Scarano, Francisco A. (2000)

El capitalismo agrario trajo consigo a la Isla los siguientes cuatro aspectos notables:[41]

1. El número de habitantes aumentó a un ritmo más rápido que en épocas anteriores.

2. La población de pueblos y ciudades creció mucho más que la de las zonas rurales, y la de la costa creció más que la del interior.

3. Se redujeron las muertes ocasionadas por algunas enfermedades tradicionales, aunque progresaron otros males.

4. Comenzó una emigración numerosa de puertorriqueños hacia los Estados Unidos, principalmente de trabajadores jóvenes.

Veamos los siguientes datos sobre el aumento poblacional que tuvo Puerto Rico desde 1899 hasta 1930.

1899 = 953,243

1910 = 1,118,012

1920 = 1,299,809

1930 = 1,543,913

La historia de Puerto Rico desde 1940 hasta 1968 ofrece uno de los ejemplos más claros del tránsito de una sociedad agrícola a una industrial, y este proceso que algunos estudiosos de las ciencias económicas han denominado "modernización" ciertamente fue en Puerto Rico un hecho que la propia historia registra como dramático.[42]

---

[41] Scarano, Francisco A. (2000)
[42] Scarano, Francisco A. (2000)

No obstante lo señalado, lo cierto es que a partir del año 1948, fecha en que se elige al primer gobernador puertorriqueño mediante el voto popular, ninguno de los gobiernos que han administrado el territorio no incorporado de Puerto Rico (colonia) le han dado una importancia verdadera a la economía agrícola, lo que la ha llevado a la crisis en que se encuentra hoy día. De hecho, cabe señalar que ninguno de los gobiernos que ha dirigido los destinos de Puerto Rico se ha preocupado genuinamente por crear capital nativo y, por el contrario, su política pública fue hacer a la Isla más dependiente de los Estados Unidos, lo que es, sin duda, una pésima estrategia económica. El Producto Interno Bruto se compone básicamente de la siguiente manera: agricultura-1%, industria-45% y servicios-54%. La mayoría de las industrias no están en manos puertorriqueñas.

Al presente, la Isla se encuentra en la peor crisis económica conocida de su historia. Lamentablemente, las cuantiosas deudas y las malas decisiones del Gobierno por décadas fomentaron esta recesión en donde nuestro crédito es considerado "chatarra" (especulativo). El constante aumento de las contribuciones, el desempleo, el costo de la vida, la desvalorización de la propiedad, tomar prestado dinero incrementando las deudas, y que los ciudadanos tengan que pagar por estas malas decisiones han promovido el éxodo puertorriqueño más crítico conocido en la historia de Puerto Rico.

Para el decenio de 1940, surgieron cambios significativos a nivel socioeconómico. Para ese entonces, se reestructuran y expanden corporaciones importantes tales como la Autoridad de Energía Eléctrica (AEE) y la Autoridad de Acueductos y Alcantarillados (AAA), como base para constituir la economía puertorriqueña.   Y así fue, ya que este notable impulso, fundamentado por la industrialización y el desarrollo de una clase trabajadora, contribuyó a ese logro. Pero, en la actualidad, tales cambios se han convertido en un dolor de cabeza porque poseen deudas millonarias y su mantenimiento es insoportable.

Por ejemplo, la AEE carga una deuda enorme que sobrepasa los $8,600 millones para el año 2014.[43] Lo curioso es que existe un subsidio de tarifa fija para residenciales públicos que alcanza cifras de 40,000 beneficiarios y cuyo propósito es "facilitar el pago de electricidad y así evitar que los inquilinos sean desalojados".[44]   Sin embargo, esta iniciativa ha sido todo un fracaso porque hay un déficit de $28.7 millones.[45] Por otro lado, el compromiso de cumplir con un pago no significa únicamente de que yo pague lo que debo, sino que también, se me pague lo que se me adeuda. Este es el caso de la AAA, a la que se le adeuda $216 millones en el año fiscal 2014-2015, y entre los que figuran como sus deudores tenemos a empresas, industrias, Gobierno, clientes regulares y residenciales públicos.[46] Esto es solo un ejemplo de la situación que están experimentando las agencias gubernamentales en conjunto y cuyos déficits realmente son impresionantes; causa mayor de nuestro declive económico.

Otro ejemplo es el programa de alimentos traído por el Gobierno federal para el año 1975. Lo que se conoce actualmente como Programa de Asistencia Nutricional (PAN) fue (y sigue siendo) para los puertorriqueños una ayuda para combatir el alza en el costo de la vida y mantener niveles de nutrición apropiados.

---

[43] González, Joanisabel (2014)
[44] Tribuna Puerto Rico (2014)
[45] Tribuna Puerto Rico (2014)
[46] Lázaro, Alberto M. (2014)

Para el año 1981, el 56% de la población ya se beneficiaba de este servicio.[47] En la actualidad, se considera parte de la crisis porque un promedio de 1.3 millones de personas se benefician de este servicio,[48] lo que agrava aún más la situación.

Pero esta crisis lleva años, y no es algo que llega ahora. Las malas decisiones de los que han estado a cargo del mando del país han deteriorado poco a poco la economía local, comenzando desde la gobernación de Rafael Hernández Colón con la crisis petrolera y el aumento de contribuciones para "aliviar" la situación. Luego, Carlos Romero Barceló siguió fomentando la deuda con más aumentos y préstamos. A partir de la década de 1990 se ha estado abusando de los préstamos para solventar algunas deudas que hasta el momento no se han podido saldar.[49]

Sin embargo, se considera que para la década de 1990 hubo también una mejoría económica porque se visualizó progreso en la construcción y en el desarrollo de edificios y servicios para el buen funcionamiento del país, los cuales se llevaron a cabo bajo el exgobernador Pedro Roselló. Un ejemplo de esto lo fue el Tren Urbano, que tuvo su momento de auge, pero en la actualidad forma parte del déficit económico porque nunca se pudo saldar su inversión. Asimismo, el Gobierno estadounidense eliminó la sección 936 del Código de Rentas Internas federal que fomentó el cierre de muchas fábricas puertorriqueñas.

Bajo la gobernación de Sila María Calderón comenzó a sentirse la presión de la deuda pública y se encontró como alternativa frenar el desarrollo de

---

[47] Martínez Borrás, José G. (2014)
[48] Otero, Carlos (2014b)
[49] Cortés, Ricardo (2014)

infraestructuras. Finalmente, aconteció la famosa recesión del año 2006 bajo el mandato del exgobernador Aníbal Acevedo Vilá, quien trajo a Puerto Rico el Impuesto de Venta y Uso (IVU), e incluso detuvo las operaciones de las agencias gubernamentales por un período de 15 días para "amortiguar" la crisis. Cuando llegó Luis Fortuño a la gobernación se creó la Ley 7 del 9 de marzo de 2009: Ley Especial Declarando Estado de Emergencia Fiscal y Estableciendo Plan Integral de Estabilización Fiscal para Salvar el Crédito de Puerto Rico, que provocó el despido de no menos de 15,000 empleados públicos. Al final, dejó al país con una increíble deuda de $16,555 millones, que aumentó dramáticamente durante su cuatrienio.

Próximamente, se verán las consecuencias de las decisiones que está tomando el actual gobernador Alejandro García Padilla, con el cierre de tantas escuelas y el "alquiler" del Aeropuerto Luis Muñoz Marín a una empresa privada para aliviar la deuda que la Autoridad de los Puertos experimenta.

El economista puertorriqueño Gustavo Vélez, de Inteligencia Económica, pronostica que Puerto Rico tendrá pérdidas de entre $70,000 y $80,000 millones hasta el año 2016. Su teoría es la siguiente:

La pérdida de sobre 200,000 empleos desde el 2006 al presente implica una pérdida de ingresos de entre $5,000 a $6,000 millones. A ello se suma que desde el 2005 los ingresos por concepto de salarios apenas han crecido. Esto a su vez ha generado que entre el 2005 y el 2008 los consumidores se excedieran en cuanto a sus niveles de consumo *versus* el ingreso. De igual forma, el país se ha empobrecido a consecuencia del colapso de las principales estructuras productivas como la manufactura, la banca y la construcción, las cuales han implicado la pérdida de más de $55 millones en riqueza local. Otro elemento que ha agilizado el empobrecimiento del país es la pérdida de valor de los bienes raíces. Se estima desde el 2006 al presente en $30,000 millones como resultado de la corrección de los valores del *"real estate"* comercial y residencial.[50] Asimismo, Gustavo Vélez relaciona la migración de miles de talentos que no ejercerán su profesión en la Isla y no estimularán, por tanto, la economía local.

La historia económica del país ha tenido muchas altas y bajas. Lo interesante es que la migración hacia otro país ha sido considerada por los puertorriqueños la vía fácil para resolver sus problemas. Empero, la realidad es que no es una decisión sabia para remediar la crisis.

La crisis demográfica de Puerto Rico

Otro aspecto a considerar es la crisis demográfica. Actualmente, la población puertorriqueña cuenta con más del 17% de personas cuya edad sobrepasa los 65 años.[51] Se dice que el 40% (304,030) de estas viven en Puerto Rico bajo un nivel socioeconómico pobre en donde no se les satisfacen las necesidades básicas. La Organización de las Naciones Unidas pronostica que para el 2025 este sector aumentará en nuestro planeta a 1,100 millones y llegará a los 2,000 millones para el año 2050.[52] Estas estadísticas se basan en la alta tasa de migración que sufre nuestra Isla actualmente, y que se predice continuará en aumento. Si como afirma Heidie Calero, de H. Calero Consulting, para finales de

---

[50] Vera Rosado, Ileanexis (2014a)
[51] García Pelatti, Luisa (2014)
[52] Rodríguez Troche, Ciení (2013)

esta década la cifra de migrantes aumentará a 50,000, entonces esto fomentará que la

población puertorriqueña siga envejeciendo aún más.[53] Además, la Isla se

reducirá a un 3.3 millones de habitantes para el año 2020 según la Junta de

Planificación, con lo cual llegará a   cifras parecidas a las del año 1984 y

sobrepasará en 470,000[54] la cifra correspondiente a la crisis más grave sufrida en

la historia de la década de 1950.   Este déficit, además de ser un problema

demográfico, también afecta a la economía local, ya que esta población requiere

de cuidados especiales que cuestan mucho,   lo que fomenta aún más el

estancamiento económico.

La desaparición de la clase media en Puerto Rico

En la actualidad, considerar a una persona o familia de clase media es un

tema complejo, ya que cada vez disminuye más la brecha entre la clase media y la

pobre.   Por ende, muchos optan por viajar fuera del país para tratar de mantener

ese nivel de vida. Conforme a Ileanexis Vera Rosado,[55] la clase media se redujo a

un 25% *versus* hace unos 10 años, cuando alcanzaba el 40%. Lo más alarmante es

que precisamente es esta clase la que mantiene la poca economía puertorriqueña

estable que conocemos y es la que estamos perdiendo por las masivas migraciones

de los últimos años.

La clase media surgió en Puerto Rico dentro del período entre 1940 y 1960

debido a la inversión de industrias y fábricas que produjo el alza de empleos con

---

[53] García Pelatti, Luisa (2014)
[54] García Pelatti, Luisa (2014)
[55] Vera Rosado, Ileanexis (2014b)

buen salario.[56]   Gracias a esto, muchos puertorriqueños salieron de la pobreza y subieron a un nivel económico bastante estable para su sobrevivencia. A partir de ese momento, comienza el progreso del pueblo con la implementación de infraestructura en el país.

En Puerto Rico se considera clase media a los que ganan un ingreso anual de entre $30,000 y $100,000, según el economista Jaime Benson;[57] no obstante, en la actualidad son muy pocos los que generan ese ingreso y Benson opina que si no se revierte o detiene la crisis económica que se ha estado intensificando desde su inicio en el año 2006, la clase media de la Isla estará en riesgo de desaparecer.[58]

---

[56] Gutiérrez en Vera Rosado, Ileanexis (2014b)
[57] Vera Rosado, Ileanexis (2014b)
[58] Vera Rosado, Ileanexis (2014b)

CAPÍTULO   7
DISCUSIONES Y CONCLUSIONES

La migración no es la alternativa

Quizás resulte lógico pensar que mientras menos personas vivan en el país, menor será la crisis y mayor será la repartición. Pero la realidad es que "la migración no es, ni puede ser solución para el problema de desbalance entre población y recurso", como lo determina José L. Vázquez Calzada.[59]

Un estudio estadístico que desarrolló Walter H. Bruckman[60] llegó a la conclusión de que la migración es "halada o empujada". Se dice que es "halada" cuando se produce como consecuencia del atractivo que pueda ejercer una oportunidad sobre el migrante. Mientras que la "empujada" se produce como consecuencia de una condición socioeconómica desfavorable que expulsa al individuo de su entorno.

Desde ese punto de vista, se llega a la conclusión de que antes del 2006 la migración puertorriqueña fue de tipo "halada", ya que a la mayoría le atraía la idea de una mejor calidad de vida en todos los aspectos. Después del 2006, la migración ha sido "empujada" porque es cuando se conoce el inicio de la recesión, y esta se ha mantenido hasta estos tiempos. El alza de las contribuciones, el desempleo y el costo de vida que se incrementa cada vez más, "empujan" al ciudadano a abandonar el país porque se encuentra en un callejón sin salida.

De hecho, lo descrito no es un aspecto nuevo, ya que para el año 1901 se declaró a la Isla "sobrepoblada" según el gobernador de esa época, Charles

---

[59] Vázquez Calzada, José L. (1963)
[60] Bruckman, Walter H. (1978)

52

Allen.[61]   Allen aseguraba que tenía los trabajadores necesarios y se requería sacar la gente pobre y atraer gente con capital. Por tanto, utilizó la técnica de "halar" a esa población del sector rural preferiblemente sin trabajo fijo y le vendió sueños para que "voluntariamente" abandonara el país.

Entonces, ¿es viable la migración? Realmente no. Cuando migran principalmente profesionales a otros países con mejores oportunidades, eso contribuye a pérdidas millonarias para la economía local. Al ser jóvenes menores de 35 años los que deciden abandonar el país, eso fomenta que la población envejezca y genera muchos más gastos para servicios públicos. De seguir esta tendencia, continuaremos dependiendo de fondos federales que en algún momento se acabarán y nos hundiremos en la extrema pobreza. Como una estrategia política con un fin electoral, los dos partidos principales de la Isla crean falsamente la expectativa de que se reducirá el desempleo y aumentarán los recursos económicos que el Gobierno estadounidense nos envía cada año. En cuanto al desempleo, no tiene que ver directamente con el número de residentes, sino más bien, con el cierre de las industrias y las manufactureras que ha afectado a Puerto Rico desde la década de 1990. En pocas palabras, mientras menos personas haya en el país, menor será el consumo de bienes y servicios, y el estancamiento económico se agravará aún más.

Soluciones para disminuir esta crisis

Ya conociendo las consecuencias que provoca la significativa migración de puertorriqueños hacia los Estados Unidos, es necesario encontrar soluciones

---

[61] Whalen, Carmen T. (2002)

factibles. La educación es un factor determinante en un país, por ende, es importante inculcar el amor a la patria, el amor a lo manufacturado o fabricado en Puerto Rico. Para evitar el éxodo de talentos puertorriqueños, sería una gran oportunidad concienciar a estudiantes universitarios y en cierta forma "obligarlos" a que trabajen por un par de años en Puerto Rico produciendo capital local y reteniéndolo en la Isla; [62] volver a los tiempos de las grandes manufactureras e industrias que son inyecciones sumamente importantes para la economía. Puerto Rico tiene recursos valiosos que muchos países darían la vida por tener y que se están perdiendo por falta de planificación. La agricultura es otro recurso valioso que nos ayudaría a recuperar nuestra economía local. Otra iniciativa sería incentivar y ayudar a los trabajadores que aportan al país con bonos para la compra de su vivienda principal. De la misma manera ayudar a las micro, pequeñas y medianas empresas para que sus negocios continúen operando, y crear conciencia en el pueblo para que consuma lo hecho en Puerto Rico.

Se debe atender el asunto migratorio sin evasiones; el pueblo debe entender que llegó la hora de responder por los errores de los distintos gobiernos y que, por consiguiente, se deben hacer mayores sacrificios. Por otro lado, el Gobierno que sea elegido por el pueblo debe de echar a un lado la politiquería perjudicial y trabajar mano a mano con la oposición política; ser responsable en los asuntos fiscales, ser transparente con el pueblo de Puerto Rico, fomentar la creación de industrias que estén administradas por puertorriqueños y ocuparse con seriedad

---

[62] García Pelatti, Luisa (2014)

del centenario asunto del sistema colonial y, por tanto, ilegal de Puerto Rico que es un obstáculo para el desarrollo económico del país.

En resumen, más que poner obstáculos para que los ciudadanos se cansen y decidan abandonar el país porque se sienten abandonados por el Gobierno, se deben buscar alternativas que finalmente beneficiarán a cada uno de los puertorriqueños. Pensar solamente en solucionar los propios problemas sin pensar en los demás no contribuye al progreso del país. Está en las manos de todos los puertorriqueños dar su aporte para que todos se beneficien.

Conclusiones

Este libro presentó como meta conocer a fondo el fenómeno de la migración puertorriqueña hacia los Estados Unidos y su inseparable vínculo con la crisis económica de la Isla. Este fenómeno ha tenido sus variaciones por décadas, y las razones siempre han sido las mismas, la cuestión económica. Sin embargo, las expectativas, la situación económica y demográfica, las características de los migrantes y hasta las estadísticas han sido de constantes cambios.

Por tanto, se hizo el análisis de la situación desde la perspectiva histórica para demostrar que las causas siempre fueron las mismas aunque las circunstancias fueron diferentes. El problema es que la situación se ha agravado aún más en los últimos años y se está convirtiendo en una crisis nacional. Lamentablemente, en vez de buscar soluciones, la gente opta por partir ante la adversidad sin conocer posiblemente las consecuencias que esto conlleva. Entonces, es sumamente importante darle a esta situación la atención que amerita, y esa responsabilidad la tienen tanto el Gobierno como el pueblo puertorriqueño. Se debe aceptar que durante los últimos años muchos boricuas han decidido realizar sus vidas en los Estados Unidos y en muchísimos casos optan por quedarse a vivir en la metrópoli; sin embargo, y aunque parezca contradictorio, otros esperan hasta su jubilación para regresar a su amada Isla. Como ya se ha establecido en este libro, uno de los retos económicos que experimenta Puerto Rico es el envejecimiento de su población, junto a los servicios médicos que este importante sector poblacional requiere y no se proyecta un cambio en la tendencia de la expectativa de vida; es más, se espera que continúe así por largos años.

Las características de los migrantes puertorriqueños han evolucionado. Antes, los hombres se sacrificaban para viajar hacia el continente norteamericano para poder sustentar a su familia de Puerto Rico. Ahora, no solo las mujeres toman la decisión de radicarse y buscar oportunidades de trabajo en los Estados Unidos, sino que se llevan a la familia completa para que también disfrute de los beneficios que el país vecino ofrece, lo que contribuye a que las cifras sean tan alarmantes. Otro aspecto importante es que los migrantes actuales son más capacitados y con experiencia laboral suficiente como para competir en el campo laboral norteamericano.

No obstante, estas son parte de las decisiones que han llevado a la crisis que sufre la Isla en estos momentos. Sin embargo, dicha crisis no se le puede atribuir solamente a la migración de puertorriqueños, ya que las malas decisiones de los gobiernos de turno y la corrupción acabaron con la estabilidad económica del país. La decisión de tomar préstamos y más préstamos, el cierre de tantas fábricas, de las escuelas, la Ley 7 del 2009, entre otras desgracias, fomentaron este declive que ahora la clase trabajadora debe pagar para "rescatar" al país.

Por otra parte, se llega a la conclusión de que la migración no es una alternativa para reformar la crisis económica. Esta conducta impulsa al estancamiento de la construcción, de los servicios y de la banca, entre otras industrias. Hay suficientes recursos, el problema es que no saben administrarlo adecuadamente. Como se mencionó antes, a menos gente menor consumo, y obviamente, menor movimiento económico. Y eso está demostrado conforme se analiza la historia de Puerto Rico. Hay que moverse, hay que trabajar con los recursos disponibles. Ya la espera se acabó y es el momento de actuar.

Todos los puertorriqueños que amamos el pedacito de tierra que Dios nos regaló debemos poner nuestro granito de arena para enfrentar juntos los retos de la peor crisis económica de nuestro país. ¡Las generaciones presentes y futuras nos lo agradecerán!

REFERENCIAS   Y   APÉNDICES

REFERENCIAS

•Bruckman, Walter H. (1978). "Rechazo y atracción como causas de la migración interna en Puerto Rico: un modelo econométrico". *Revista de Ciencias Sociales 20 (2)*: 145-164.

•Caquías Cruz, Sandra (10 de noviembre de 2014)."Migran a Florida los profesionales y trabajadores" (encuesta firma Gaither).*El Nuevo Día* (versión digital):24-25
Extraído:http://www.elnuevodia.com/migranafloridalosprofesionalesytrabajadores-1889305.html

•Cordero, Gerardo (12 de octubre de 2004)."Emigración masiva de boricuas afecta ancianos":1. Extraído de:
http://www.elnuevodia.com/emigraciónmasivadeboricuasafectaancianos-187167.html

•Cortés Chico, Ricardo (14 de septiembre de 2014). "No hay más dinero*". El Nuevo Día:* 38-39

•Cortés Chico, Ricardo (3 de febrero de 2015)."El abismo fiscal de Borinquen". *El Nuevo Día:* 6-8

•Delgado, José A. (27 de marzo de2011). "Un país que se desinfla". *El Nuevo Día* (versión *digital)*:1-4. Extraído: http://www.elnuevodia.com/unpaisquesedesinfla-924785.html

•Delgado, José A. (6 de abril de 2014). "Labrador en otras tierras". *El Nuevo Día:* 4-5

•Díaz, Marian (29 de septiembre de 2013)."Golpea a la economía la fuga de talentos"(Center for a New Economy).*El Nuevo Día*. Extraído de:http://grupocne.org/2013/09/29/golpea-a-la-economía-la-fuga-de-talentos/

•Duany, Jorge (1999). "La población y la migración en Puerto Rico de cara al siglo XXI". Río Piedras, P.R.: Editorial de la Universidad de Puerto Rico.

•Duany Jorge (2001). "Nación, Migración, Identidad". San Juan, P.R: Ediciones Callejón

•Duany, Jorge (2003). "Entre la Isla y la diáspora: los estudios sobre la migración de Puerto Rico".*Revista de Ciencias Sociales (12)*: 102-119.

•Duany, Jorge (1993). "Más allá de la válvula de escape: tendencias recientes en la migración caribeña". *Revista Digital Nueva Sociedad* (127): 80-99. Extraído de: http://www.nuso.org

•Duany, Jorge (2003)."The Nation in the Diaspora: The Multiple Repercusions of Puerto Rican Emigration". Extraido de: www.havenscenter.org/files/The%20Nation%20in%20the%20Diaspora.doc

•elnuevodia.com (7 de abril de 2013)."La participación en las Fuerzas Armadas".*El Nuevo Día*. Extraído de: http://www.elnuevodia.com/Xstatic/endi/template/imprimir.aspx?id=1485585&t=1

•Enchautegui, María E. (2008). "La fuga de cerebros en Puerto Rico: su magnitud y sus causas". Río Piedras, P.R.:Consejo de Educación Superior y Departamento de Economía de la Universidad de Puerto Rico.

•García Pelatti, Luisa (12 de agosto de 2014)."De la crisis económica a la crisis demográfica". *El Vocero:* 18

•González, Joanisabel (12 de diciembre de 2014). "Sigue en remojo la Autoridad de Energía Eléctrica". Extraído de: http://www.elnuevodia.com/sigueenremojolaautoridaddeenergiaelectrica-1908568.html

•Instituto de Estadísticas de Puerto Rico (2014). "Perfil del Migrante". Extraído de: http://www.estadisticas.gobierno.pr/iepr/LinkClick.aspx?fileticket=TI8JrWYt4o Y%3d&tabid=186

•Institute of International Education (mayo de 2010).Open Doors: "Report on international educational exchange, 1981 through 2009 (selected years)". Extraído de: http://nces.ed.gov/programs/digest/d10/tables/dt10_234.asp

• Junta de Planificación de Puerto Rico (Año Fiscal 2011). "Resumen económico de Puerto Rico: "migración". Programa de Planificación Económica y Social. http://gis.jp.pr.gov/Externo_Econ/Reto%20Demográfico/Suplemento%20de%20Migracion%20-%20rev.3-mar-2014.pdf

•Lázaro, Alberto M. (2014). "Sobrepasa   los $216 millones   la deuda   a   la   AAA". (Autoridad   de   Acueductos   y   Alcantarillados).   Extraído   de: http://m.wapa.tv/detalle/noticias/locales/sobrepasa-los-216-millones-la-deuda-a-la-aaa_20131122245482.html

•Martínez Borrás, José G. (15 de septiembre de 2014). "El programa de cupones de   alimento". *Enciclopedia de Puerto Rico* (versión electrónica).   Extraído de: http://www.enciclopediapr.org/esp/article.cfm?ref=13071119

•Marrero, Rosita (21 de abril de 2014)."Se mudan con todo". *Primera Hora*: 4-5

•Mead, Kevin (14 de diciembre de 2014)."Population loss stretches across Puerto Rico". Caribbean Business 1. Extraído de: http://www.caribbeanbusinesspr.com/news/population-loss-stretches-across-pr-93300.html

•DICCIONARIO DE LA REAL ACADEMIA ESPAÑOLA DE LA LENGUA EN LINEA (2014)."Migración". Extraído de http://buscon.rae.es/drae/srv/search?val=migraciones

•Montilla, César A. (2 de septiembre de 2014). "Soluciones para que Puerto Rico sobreviva". *El Vocero*: 14

•Morales, Amparo (19 enero de 2015)."El Caso de Puerto Rico". Centro Virtual Cervantes: 142 Extraído de: http://cvc.cervantes.es/lengua/anuario/anuario_08/pdf/demografia06.pdf

•Oppenheimer,   Andrés   (19 de noviembre de 2014). "Más estudiantes latinoamericanos en las universidades de los Estados Unidos. *El Nuevo Herald* .Extraído de: http://www.elnuevoherald.com/opinion-es/opin-col-blogs/andres-oppenheimer es/article4020508.html

•Otero, Carlos (22 de Julio de 2014a). "Estampidas de boricuas".*El Vocero:* 16

•Otero, Carlos (9 de septiembre de 2014b)."Historia de cambios y gigante trayectoria". *El Vocero:* 4-5

•Reyes Tosla, Mylord (Septiembre-Diciembre 2013). "El aprendizaje del español y el inglés en Puerto Rico y sus influencias extranjeras". Scientific International Journal: 45. Extraído de: http://www.nperci.org/M.%20Reyes-EspIng-V10N3.pdf

•Rivera Batiz, Francisco (octubre de 1989). "The characteristics of recent Puerto Rican migrants: some further evidence".*Migration World.*

•Rivera, Maritza. "Día del Veterano: participación puertorriqueña en el Ejército de los Estados Unidos". San Juan, P.R.: Biblioteca de la Escuela José Celso Barbosa. Extraído de:
  http://bibliotecajosecelsobarbosa.blogspot.com/2013/11/dia-festivo-el-dia-del-veterano-llamado.html

•Rodríguez Ayuso, Idania y Velázquez Estrada, Albero L. (2010, 2011, 2012). "Perfil del migrante". Instituto de Estadística de Puerto Rico/ U.S. Census Bureau. Encuesta Sobre la Comunidad. Public Microdate Sample.

•Rodríguez Troche, Ciení (2013). "Ley del reto demográfico: informe preliminar". Extraído de:
  http://gis.jp.pr.gov/Externo_Econ/Reto%20Demogr%C3%A1fico/Reto%20Demogr%C3%A1fico%20Estrategias%20Adultos%20Mayores.pdf

•Rosario Natal, Carmelo (2001). "Éxodo puertorriqueño: las emigraciones al Caribe y Hawai, 1900-1915". San Juan, P.R.: *Editorial Edil.*

•Santiago, Carlos E. y Rivera Batiz, Francisco (1996). "La migración de los puertorriqueños durante la década de 1980". *Revista de Ciencias Sociales/Nueva Época* (1): 178-207

•Santiago Caraballo, Yaritza. (6 de abril de 2014)."Recogerán melones en los Estados Unidos por mejor paga". *El Nuevo Día:* 6

•Scarano, Francisco A. (2000). "Puerto Rico: cinco siglos de historia". México, D.F.: McGraw-Hill/ Interamericana Editora, S.A. de C.V.

•Tribuna Puerto Rico (30 de abril de 2014). "Buscan cobrar deuda millonaria con AAA y AEE en los caseríos". Extraído de http://tribunapr.com/2014/04/30/buscan-cobrar-deuda-millonaria-con-aaa-y-aee-en-los-caserios.html

•U.S. CENSUS BUREAU. "Population of 1910, 1920, 2000".

•U.S. CENSUS BUREAU (2006-2010). Ogunwole, Stella, U. *et al.* "The population 25 years and over with a bachelor's degree or higher by race and hispanic origin". American Community Survey Selected Population Tables. May, 2012. Extraído de:
http://www.census.gov/library/publications/2012/acs/acsbr10-19.html

•U.S. CENSUS BUREAU (2010-2013). "Annual estimates of the resident population by single year of age and sex for the United States, and Puerto Rico Commonwealth".U.S. Department of Commerce. Extraído de: http://www.census.gov/

•U.S.NATIONAL CENTER FOR EDUCATION STATISTICS.Open Doors: "Digest of education statistics annual: foreign students enrolled in institution of higher education in the U.S.A. 1980-81 to 2008-09 (Selected Years)".Extraído de: http://nces.ed.gov/programs/digest/2010menu_tables.asp

•U.S. COMMISSION ON CIVIL RIGHTS (octubre de 1976). "Puerto Rican in the continental United States: an uncertain future ":23. Washington, D.C.: GPO.

•Vázquez Calzada, José L. (1963). "La emigración puertorriqueña: ¿solución o problema?". *Revista de Ciencias Sociales.* 7 (4): 323-332.

•Vázquez Calzada, José L. (1968). "Las causas y efectos de la emigración Puertorriqueña". (mimeografiado): 39. San Juan, P.R.: Escuela de Medicina, Departamento de Medicina Preventiva y Salud Pública, Sección de Bioestadística.

•Vera Rosado, Ileanexis (9 de septiembre de 2014a)."Cuando se pierden las riquezas". *El Vocero:* 6.

•Vera Rosado, Ileanexis (30 de julio de 2014b). "Aumenta la clase de los nuevos pobres". *El Vocero.* Extraído de http://elvocero.com/aumenta-la-clase-de-los-nuevos-pobres/

•Whalen, Carmen T. y Vázquez Hernández, V. (2002). "The Puerto Rican Diaspora: Historical Perspectives". Filadelfia, EE.UU.: Temple University Press

•WIKIPEDIA (2014). "Puertorriqueños de los Estados Unidos". Extraído de: http://es.wikipedia.org/wiki/PuertorriqueB1os_de_los_Estados_Unidos

Según grupo de edad y género		
Grupo de edad	Mujeres	Hombres
16	0.1	0.0
17-24	10.1	12.2
25-34	10.6	13.9
35-44	8.9	9.0
45-54	6.7	5.9
55-64	7.8	5.2
65 años o más	6.4	3.4

Según preparación académica y género		
Preparación académica	Mujeres	Hombres
Ninguna	0.3	0.5
1-5 años	1.2	1.2
6 años	0.7	0.5
7-8 años	1.6	1.4
9 años	1.7	1.6
10-11 años	2.6	2.5
12 años	13.8	15.2
13-15 años (universidad incompleta)	10.8	12.3
16 años (universidad completa o equivalente)	12.8	10.7
17 años o más (estudios post-graduados)	4.9	3.5
No información	0.0	0.1

Fuente: Junta de Planificación de Puerto Rico (Año Fiscal 2011). "Resumen económico de Puerto Rico.suplemento especial: 'migración'". Programa de Planificación Económica y Social.

Figura A1. La tabla superior muestra que la mayoría de los migrantes puertorriqueños, ya sean mujer u hombre, sus edades oscilan entre 17 y 34 años (de 10.1 a 13.9), lo que confirma que el grupo mayoritario que emigra es joven. La tabla inferior indica que la mujer migrante tiene mejor preparación académica en comparación con el hombre (12.8 *versus* 10.7 y 4.9 *versus* 3.5)

Apéndice A. Distribución porcentual de los migrantes por el grupo de edad, la preparación académica y el género. Año Fiscal 2011

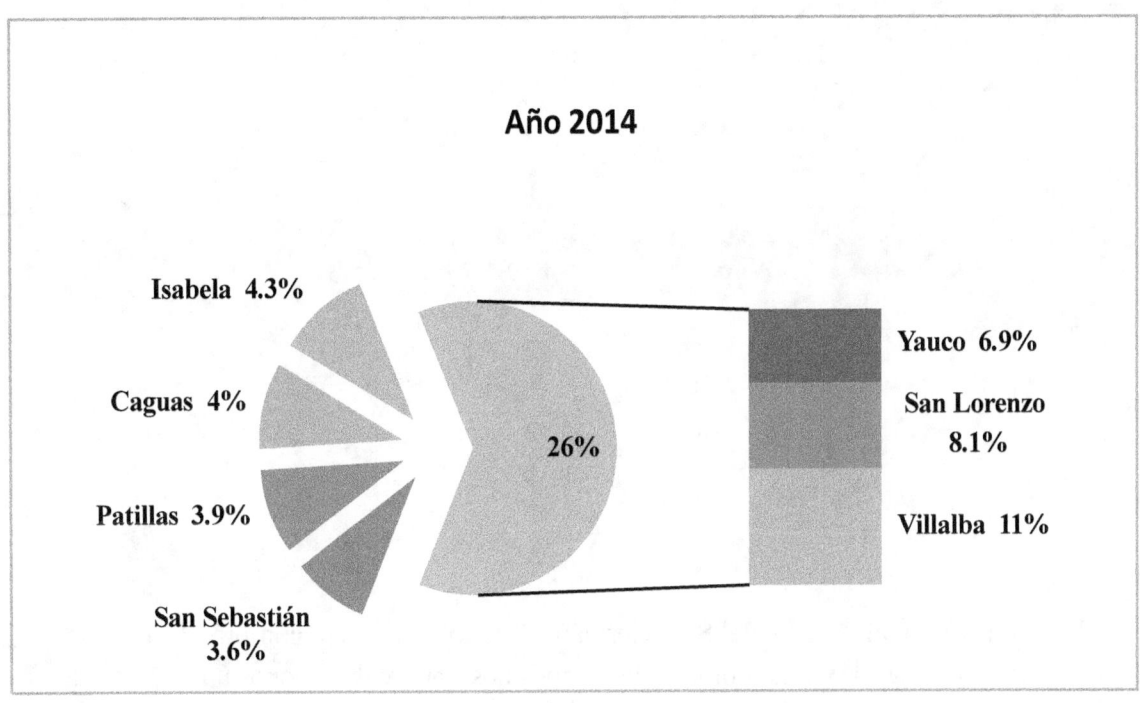

Año 2014

Isabela 4.3%

Caguas 4%

Patillas 3.9%

San Sebastián 3.6%

26%

Yauco 6.9%

San Lorenzo 8.1%

Villalba 11%

Figura B1. La gráfica presenta los migrantes recientes que se han mudado para los Estados Unidos conforme al pueblo de la Isla. Se observa que Yauco, San Lorenzo y Villalba son los municipios con más migración. Lo curioso es que estas ciudades son manufactureras importantes de la industria agrícola de la Puerto Rico. El traslado de estos residentes es una pérdida significativa para la economía local.

Apéndice B. <u>Migrantes puertorriqueños conforme a siete pueblos clave</u>

Llegó un barco al puerto de San Germán (Puerto Rico) en compra de caballos para el conquistador Pizarro, y una multitud de campesinos aprovechó la oportunidad para largarse en busca de fortuna a otros países. La ansiedad de emigrar cristalizó en el desesperante grito: ¡Dios me lleve al Perú!

Cayetano Coll y Toste
Puertorriqueño
1850-1930
"Extraído de su libro "Leyendas y Tradiciones Puertorriqueñas"

¡Levántate!, ¡Revuélvete, ¡Resiste!
Haz como el toro acorralado: ¡Muge!
O como el toro que no muge: ¡Embiste!

José de Diego Martínez
Puertorriqueño
1866-1918
Extracto del poema "En la brecha"

William Martínez Martínez nació en el pueblo de Toa Baja, Puerto Rico, el 27 de abril de 1956. Menor de cinco hermanos e hijo del Sr. Manuel Martínez Milán, quien fue en su juventud un migrante, y de la Sra. Delia Martínez Álamo, trabajadora incansable y mujer de fe en Dios. Inició sus estudios universitarios en Administración de Empresas conducentes al Bachillerato (Licenciatura) en el American University de Puerto Rico y los concluyó en el Atlantic International University de Estados Unidos. Se retiró del Gobierno de Puerto Rico en el año 2012, luego de haber trabajado en distintas funciones durante veintiocho años . Ejerció los puestos de Director Provisional y Oficial Ejecutivo en la Oficina de Asuntos Gallísticos de Puerto Rico y perteneció a varias juntas del gobierno de su país.

Inquietado por la crisis económica que atraviesa Puerto Rico, decidió escribir este libro como un medio de expresar su preocupación sobre la migración de miles de compatriotas puertorriqueños hacia los Estados Unidos, y como la misma ha afectado el desarrollo económico de la isla de Puerto Rico; sus implicaciones en el seno familiar, y cómo el encuentro de miles de migrantes boricuas con una cultura totalmente distinta influyó en la psiquis del puertorriqueño que tuvo que partir de su terruño caribeño en busca de trabajo o de una mejor calidad de vida.

En su libro, William Martínez Martínez manifiesta también su desacuerdo con el poco apoyo gubernamental al fomento de industrias nativas que estén en manos de puertorriqueños y por la politiquería partidista que, a su juicio, es una de las grandes causas de la crisis económica de Puerto Rico.

Desde su retiro, el Señor William Martínez Martínez se ha dedicado a la búsqueda incesante de la voluntad de Dios; a la lectura y a ecribir sobre diversos temas.

ISBN 978-1-312-84433-9
90000
9 781312 844339

La Migración Puertorriqueña hacia los Estados Unidos: Sus Efectos en la Economía de la Isla de Puerto Rico

William Martinez Martinez

La Migración Puertorriqueña hacia los Estados Unidos: Sus Efectos en la Economía de la Isla de Puerto Rico

William Martinez Martinez

¡¡¡ADIOS!!

www.ingramcontent.com/pod-product-compliance
Lightning Source LLC
Chambersburg PA
CBHW080818170526
45158CB00009B/2459